우리는 모두
몸으로 일한다

몸을 살리는 일터 혁명

_____ 의

몸을 지지하는 마음을 담아

책의 지도

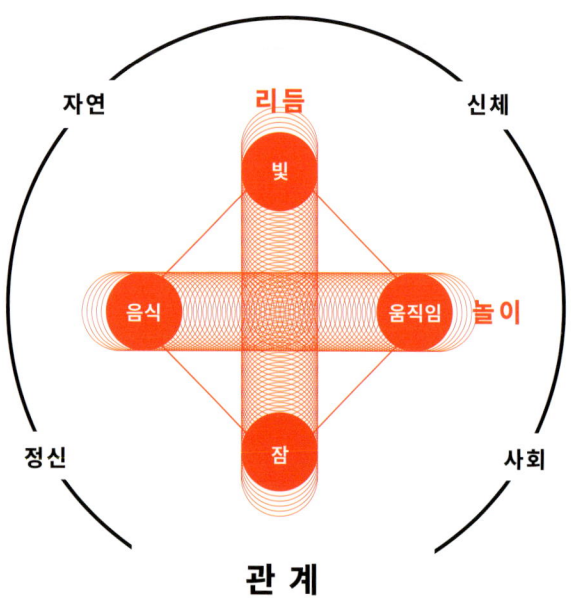

이 책은 삶을 지탱하는 빛, 수면, 음식, 움직임 요소들을 리듬과 놀이의 두 축으로 엮어 구성하였다.

삶의 탄력적이고도 단단한 리듬을 감지하고 사수하는 측면에서 빛과 수면을 다뤘고, 생체리듬에 기반하여 집중과 생산성을 조명하였다. 다양하게 실험하는 기쁨, 이를 통해 삶의 자원과 선택지를 늘려가는 관점에서 음식과 움직임, 접촉을 접근하였다.

리듬과 놀이의 원리는 삶의 모든 측면에 적용될 수 있으며, 이 둘을 결합한 '춤' - 온몸이 동하며, 예상치 못한 활력과 지속의 가능성을 발견하는 상태 - 의 관점으로 더 나은 삶의 방식을 찾아갈 수 있다. 노동이 춤이 될 수 있을까, 우리 관계에 춤을 회복할 수 있을까, 일상 환경이 춤의 무대가 될 수 있을까 등의 질문들이 변화의 영감이 되어 줄 것이다.

빛, 수면, 음식, 움직임, 신체, 정신, 사회, 자연 등 우리 삶의 모든 요소는 생각보다 훨씬 복잡하게 연결되어 있어 끝없이 서로 영향을 주고받는다. 이 책을 계기로 찾아오는 정보, 생각, 느낌, 기억을 섣부른 판단이 아닌 호기심으로 마주하고, 이들 간의 연결 고리를 찾아가 보길 바란다. 온갖 불확실성과 변수 속에서도 일과 삶을 지혜롭게 이끌어줄 지도를 그릴 수 있게 될 것이다.

중요한 것은 지도를 계속해서 수정하고 발전시켜 나가는 과정에 있다. 건강과 지속가능성은 도달하는 어떤 상태가 아니기 때문이다. 오늘 경험했던 몸과 환경은 내일 또 변해 있을 것이기에, 과거의 정보와 현재의 자원들에 기대어 매일 새로운 탐험을 이어나가야 한다.

혼자서만 감당하기에는 벅찬 여정이다. 나 자신을 훌쩍 넘어서는 풍요롭고 아름다운 관계망에 둘러싸일 수 있다면, 삶의 모험은 훨씬 덜 두려우며, 더 즐겁고 충만할 것이다. 건강과 지속가능성의 핵심은 끝없는 변화에 대응할 수 있게 도와주는 다채로운 관계들에 있다.

목차

책의 지도　　　　　　2

일러두기　　　　　　8

프롤로그　　　　　　12
: 춤추는 노동을 위하여

LIGHT

24시간 리듬을 타는 소통　　20

몸의 리듬을 리셋하는 힘　　23

햇살 산책이 필요한 이유　　26

하루 세 번 바뀌는 조명　　32

SLEEP

삶을 위한 잠의 여행　　40

회복과 성장의 교향곡　　42

잠의 구조와 역할　　44

잠들지 않는 도시의 슬픔　　53

수면을 지키는 방법　　57

함께 빛나는 일의 리듬　　66

현대인을 위한 자장가　　79

FOCUS

90분 집중의 멜로디	84
집중 구간의 세 단계	88
집중 물살을 타는 지혜	90
생산적 하루의 재정의	93
집중의 역동을 지키는 방법	96
집중을 부르는 시선	99
집중을 부르는 사운드	110
몸의 움직임과 생산성	113
일상을 지탱하는 움직임	116
생산성을 지탱하는 낮잠	131

불협화음

어긋난 리듬의 대가	138
카페인 플랜이 필요할 때	139
멀티태스킹의 허상	144
몰입을 위한 비행기 모드	151
스마트폰과 거리두기	154
도파민의 진실	157
쉼을 지우는 알코올	162

FOOD

삶을 지지하는 식문화	168
나를 만드는 미생물 생태계	170
미생물 밭을 가꾸는 음식	178
일하는 몸을 살리는 식문화	180

MOVEMENT

살아 움직이는 힘	186
느끼는 몸의 회복	190
신경가소성과 놀이	194
흔들리는 균형	198
몸의 뿌리, 발과 맺는 관계	204
걸음이 마사지가 될 때	216
팔다리를 해방하는 움직임	222
몸에 쌓이는 감정의 해부학	232
한숨을 반기는 문화	234
접촉의 대화, 마사지	236
몸과 몸의 움직임 대화	245
받으며 배우는 몸의 사랑	249

에필로그	254
: 변화를 만드는 믿음의 도전	
감사의 글	260
참고 문헌	267

일러두기

이 책은 복잡다단한 현실에 대한 명확하고 납작한 진단과 답을 제공하지 않습니다. 변수로 가득 찬 삶을 두려워하지 않고 즐겁게 누리는 데 필요한 영감을 나눕니다. 삶에 대한 호기심, 변화를 알아차리는 감각, 자신과 세상에 대해 질문하는 용기, 가능성을 몸소 실험하는 기쁨, 오래도록 힘이 되어 줄 이야기를 담았습니다.

정확한 지식을 전하려 최선을 다했지만, 모든 지식은 유용한 영감일 뿐, 끝없는 연구와 수정이 필요함을 강조합니다. 2020년까지 단단하게 축적된 과학 지식을 수집하고, AI 기술까지 활용하여 사실 여부와 표현의 적합성을 치밀하게 검토했지만, 여전히 오류와 개선의 여지는 있을 수 있습니다.

이 책은 엄격한 과학 저널리즘보다는, 과학에 근거하고 영감을 받은 시각 예술에 가깝습니다. 현시대의 맥락에서 특히 참고할 가치가 있는 정보, 비판적 사유를 촉진할 질문, 삶에 변화를 일으킬 실험 가이드를 제공하고자 하였습니다. 여러 측면과 층위로 구성된 입체적 진실을 편집하여, 상상력과 공감을 불러일으킬 글, 그림, 사진으로 소통하려는 시도입니다.

책의 내용을 충분히 음미함은 물론, 지면에 다 담지 못했을 내용과 표현의 의도 등에 대해 호기심을 갖고 적극적으로 질문을 던

지길 바랍니다. 책에서 얻은 정보와 영감들을 각자 고유한 삶의 맥락에 맞게 적극 활용, 변형, 실험해 보길 응원합니다. 그 과정에서 책을 넘어 살아 움직이는 지식, 나와 주변을 성장시키는 자양분이 만들어질 것입니다.

실험은 시도에서 멈추는 게 아니라, 시행착오를 겪으며 가설과 예측이 어긋난 지점을 학습하고, 생각과 접근을 수정하여 다시 시도해 보는 과정의 연속입니다. 몸의 새로운 서사를 짓는 지난한 과정을 뜨겁게 지지합니다. 그 여정에서 저자와 독자의 관계를 넘어 '몸을 살리는 일터 혁명'의 동료로 만날 수 있기를 바랍니다.

취약성이야말로 진실이 깃든 지점이다.

도나 힉스 Donna Hicks,
『Leading with Dignity』

프롤로그
춤추는 노동을 위하여

춤은 우리가 탄생하는 순간부터 존재한다.
정자들이 머리로 난자를 수없이 두들기며
안으로 머리를 집어넣으려 애쓰는 과정에서
난자-정자 무리가 천천히 회전한다.
온몸으로 함께 만드는 드러밍에 진동하며
원으로 도는 '탄생의 춤'.

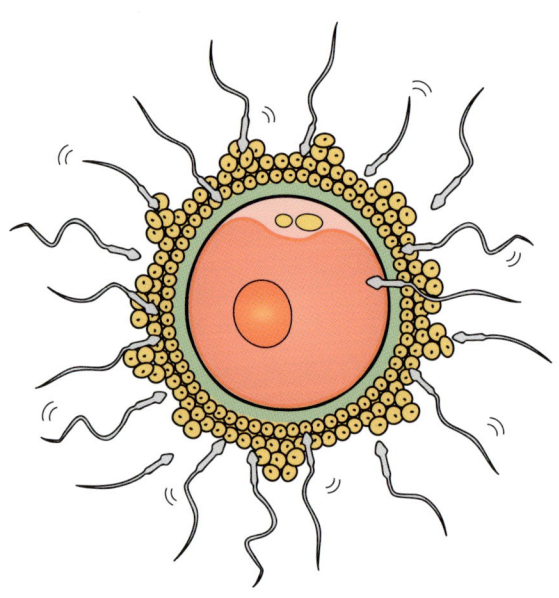

수정의 춤 fertilization dance

우리 몸에는 세포 수준에서 시작된 춤의 욕구가 있다.
살아 움직이고 싶은 욕구,
떨림을 주는 에너지를 찾고 나누고 싶은 욕구.
춤의 욕구는 곧 삶의 욕구이자 동력이다.

삶을 지탱하는 '노동'은
삶 한가운데에서 일어나며
삶의 대부분을 차지하는데,

노동이 춤을 죽인다면
어떻게 우리 몸과 삶이 온전할 수 있을까.

노동을 하지 않으면 삶은 부패한다.
그러나 영혼 없는 노동을 하면 삶은 질식되어 죽어간다.

- 알베르 카뮈 Albert Camus

노동 자체가 괴로운 게 아니라
노동의 경직성이 괴로운 것이다.

일하는 몸이 춤출 수 있다면
일이 신체·정신적 에너지의 리듬을 탄다면
말만이 아닌 몸 전체로 타인과 소통한다면
사회의 압력 속에서 긴장하는 몸을
온전히 놓아주고 털어 줄 수 있다면
노동 행위가 기계의 딱딱한 동작보다
동물의 부드럽고 우아한 움직임에 가까워질 수 있다면

일터가 몸과 영혼을 억누르거나 소진하지 않고
돌보고 성장시키는 놀이터,
춤판으로 재탄생할 수 있지 않을까.

생물학은
생명의 구조와 리듬,
궁극적으로 생명의 춤을 이해하는 학문이다.

시간의 질서   공간의 질서

$$리듬 \times 구조 = 춤$$

생물학에 맞서려 하면 대개 지고 만다.
졌다는 것은 질병, 아픔, 손상을 통해서야 알게 된다.
If you fight biology, you normally lose.
The way of knowing you've lost
is through disease, sickness and impairment.

- 수면 과학자 매튜 워커 Matthew Walker

생물학에 맞서는 행위는
익숙함의 이름으로
생체리듬을 무시하는 스케줄을
따르고 방관하는 것이다.

신체 구조를 경직시키고 무너뜨리는 환경을
관습의 이름으로 고수하는 것이다.
성찰하지 않는 것, 변화하지 않는 것,
심지어 '성공적 삶'의 조건으로 퍼뜨리는 것이다.

우리의 생물학적 근거인 '몸'
얼마나 알고자 하는가
안다고 착각하는가
무지함을 모르는가

몸을 희미하고 무력하게 만드는
관계, 기술, 제도는
생명을 병들게 한다.

몸의 리듬과 구조를 이해하고
치열하게 존중하며
몸과 함께 춤추는
일상, 관계, 시스템은
사랑받고 영감을 주며 지속된다.

지키고 싶은 삶, 아끼는 존재가 있다면
그의 성장과 나이듦을 잘 지지하고 싶다면
생명의 춤을 추는 노동의 세계로 초대한다.

살아 움직이는 기쁨을 일상 곳곳에서 발견하길 바라며,
춤과 삶과 노동이 따로 구별되지 않고
동의어로 섞여 쓰이는 날을 고대하며.

24시간 리듬을 타는 소통

우리에게 시간은 한번 시작하면 죽음까지 앞만 보고 나아가야 하는 직선으로 주어지지 않는다. 다행스럽게도, 수십 년의 일생보다 훨씬 짧은 분, 시, 일, 월 등의 주기를 타며 일정 수준 예측 가능성을 가지고 순환할 수 있다.

인간의 생체리듬에는 대표적으로 지구의 움직임에 맞춰 약 24시간을 주기로 하는 '일주기리듬circadian rhythm'이 있다. 덕분에 100년 가까운 삶을 '하루'라는 감당 가능한 분량으로 쪼개어 인식하고 매번 다르게 경험할 수 있다. 오류를 범하고 한계에 부딪히며, 그로부터 배우고 성장할 기회가 생에 약 삼만 번 주어지는 것이다.

몸은 24시간 리듬을 어떻게 알까? 뇌 중심부 깊숙이 위치한 시상하부 안에 '시교차 상핵suprachiasmatic nucleus, SCN'이라 불리는 쌀알만 한 크기의 신경세포 집단이 '생체시계' 역할을 하기 때문이다. 시교차 상핵이 빛을 민감하게 감지하는 망막* 세포로부터 신호를 받으면 다른 뇌 영역들과 협업하여 호르몬 분비, 체온 조절 등 생리 작용을 조율한다. 예를 들어, 시교차 상핵

*망막을 포함한 눈의 구조는 p. 102 참고

은 솔방울샘과 소통하며 잠의 시작을 알리는 호르몬 '멜라토닌' 분비를 촉진한다. 이를 통해 밤에 잠이 오고, 아침에 깨는 '수면-각성 주기'를 관리한다.

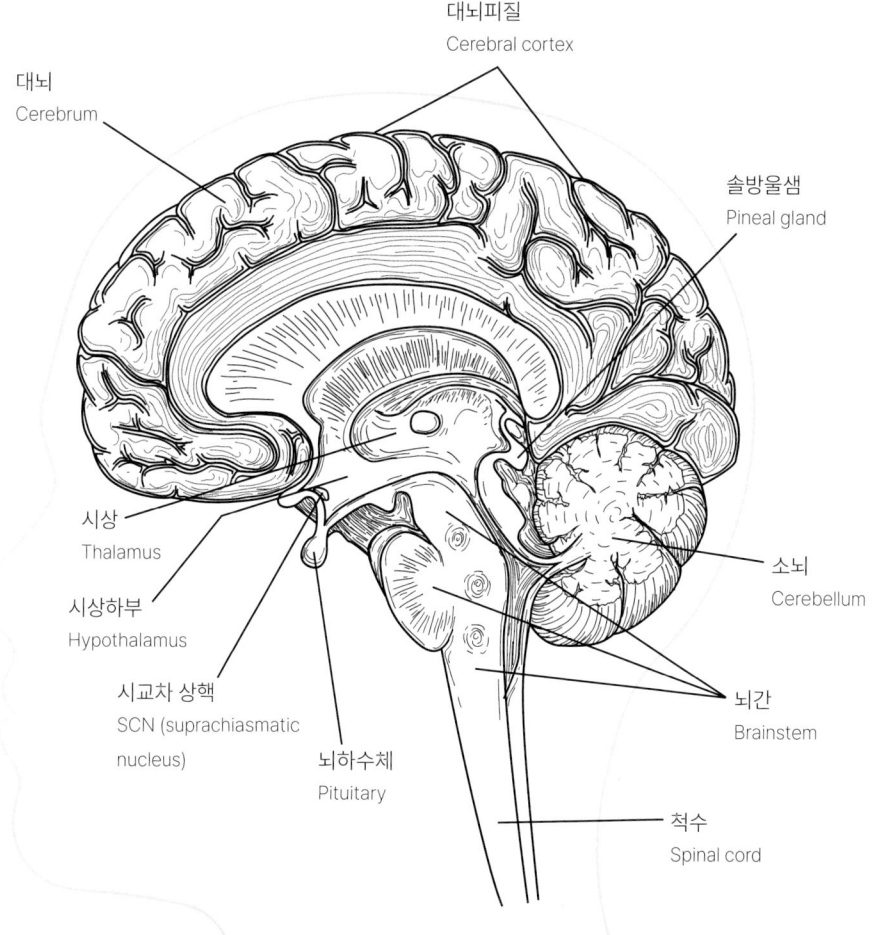

생체시계는 정확히 24시간에 맞춰 돌아가는 일반 시계와 차원이 다르다. 시차 적응 때나 삶의 여러 굴곡에서 알 수 있듯이, 생체시계는 매우 민감하고 유동적이다. 24시간보다 짧을 때도 있고, 길 때도 있다. 실시간으로 외부 변화에 반응하며 복잡한 소통을 거쳐 조율되는 역동적인 작용이다.

몸의 리듬을 리셋하는 힘

 빛은 유전자 발현부터 면역계 조율까지 다양한 신체 기능에 영향을 끼치는 놀라운 에너지다. 특히 몸의 생체리듬과 지구의 리듬을 동기화시키는 주요 매개체다. 합창단이 노래하기 전 음감을 잡아주는 조율 피리와도 같다. 그중 햇빛은 누구에게나 조건 없이 주어지는 가장 강력한 빛이다.

 특히 지평선 가까이에서 낮은 각도로 비추는 아침 햇살은 생체리듬 조율에 탁월하다. 일출, 일몰 때 낮게 비추는 햇살이 더 두꺼운 대기층을 통과하기 때문에,

짧은 파장의 빛은 강하게 흩어지고, 더 많은 긴 파장의 붉은빛들이 우리 눈에 도달한다. 결과적으로 붉은빛과 보랏빛의 화려한 하늘을 보게 된다. 붉고 푸른 빛의 대조가 클수록 생리학적으로도 유익한 자극이 된다.

반드시 일출을 보아야 하는 것은 아니다. 갓 깨어나 비몽사몽인 시간에 햇살을 충분히 받고 (화창한 날에는 5~10분, 흐리거나 비 오는 날에는 20~30분) 일몰까지 변화하는 빛깔을 틈틈이 볼 수 있다면, 제때 깨고, 제때 잠들며, 잠을 지속하는 데 도움을 받을 수 있다. 효과는 크지만, 수면제와 달리 비용이 들지 않고 부작용도 없어서, 과도한 노출을 피한다면 누구나 안전하게 누릴 수 있는 천연 불면 치유제다.

흐린 날에 해를 직접 볼 수 없더라도 구름을 뚫고 세상을 밝히는 햇살이 분명히 있으니, 여전히 햇살 효과를 누릴 수 있다.

맑은 날 햇빛 : 10,000~100,000 LUX

구름 낀 날 햇빛 : 1,000~5,000 LUX

비 오는 날 햇빛 : 100~1,000 LUX

실내조명 : 100~1,000 LUX

양초 : 1~10 LUX

달빛 : 0.1~0.5 LUX

LUX (룩스) = 빛 세기를 측정하는 단위

햇살 산책이 필요한 이유

햇빛은 아침에 우리 몸을 깨우는 강력한 각성제다. 졸림을 촉진하는 멜라토닌을 억제하고, 코르티솔, 도파민, 세로토닌 같은 신경 조절 물질을 활발하게 분비시켜 에너지와 집중력, 인지력 상승을 돕는다. 컨디션이 저조한 날일수록 카페인에 의존하기 쉬운데, 그보다 햇살이 더 안전하고 든든한 지원군이 되어 줄 수 있다.*

*p. 139에서 이른 아침 카페인의 부작용에 대해 다룬다.

신체 움직임과 결합하면 햇살 효과는 더욱 커지는데, 특별한 운동일 필요는 없다. 높은 건물들 사이로 드는 햇살을 따라 산책하는 것만으로도 충분하다. 특히 겨

울에는 햇살 드는 곳과 안 드는 곳의 온도 차가 크게 느껴져서 햇살 산책이 더욱 따스한 위안을 줄 수 있다. (반대로 여름에는 그림자 산책이 활발해진다.)

이번 산책 코스는 골목 끝에서 우회전으로 시작

 비가 많이 내리거나, 해가 극단적으로 짧아지기도 하는 북부 유럽에서 햇살을 대하는 태도는 더욱 진지하다. 1년에 200일 가까이 비가 내리는 브뤼셀에서는 흐리고 우중충한 날이 기본값이다. 맑다가도 언제 흐려질지 모르기에, 햇살이 환하게 나면 일단 일을 중단하고

밖에 나가 누리는 문화가 있다. 우리나라에서 눈이 오면 일단 나가 보는 것과 비슷하다. 귀한 햇살 앞에서는 눈앞의 업무도 뒷전이 될 수 있다. 그만큼 햇살 결핍으로 인한 (계절성) 우울증, 불면, 무기력 등의 고통을 겪는 날이 많아서일지도 모른다.

고통을 어루만지는 햇살

햇살은 면역과 통증 관리에도 중요한 역할을 한다. 햇빛이 눈과 피부에 닿으면 비타민 D와 면역 단백질 생산을 돕고, 베타-엔도르핀 같은 진통 물질의 분비를 촉진할 수 있기 때문이다. 흥미로운 사실은 자외선이 염증성 통증을 억제하는 핵심 요소라는 것이다.

우리 사회에는 햇빛의 자외선을 항상 경계해야 한다는 인식이 강하다. 보습용 로션이나 기초 화장품에도 자외선 차단제가 섞여 있고, 모자, 선글라스, 마스크, 토시 등으로 온몸을 감싸고 산책하는 사람들도 흔히 볼 수 있다. 하지만 만성 통증에 시달리는 이에게는 주기적인 햇살 산책이 고통을 완화하는 좋은 방법이 될 수 있다. 자외선 노출 자체가 위험한 게 아니라 '누가, 언제, 얼마나' 등의 구체적인 맥락이 중요한 것이다.

 몸을 꽁꽁 감싸고 실내에 오래 머물게 되는 겨울일수록, 눈과 피부에 도달하는 햇살 양이 현저히 줄어든다. 밖에 나가 햇살 받는 시간을 더욱 확보하는 게 중요해지는 때다. 햇살을 충분히 받는 것만으로도 계절 변화에 따른 면역력 저하, 기력 감소, 우울, 수면 악화 등의 문제를 예방하고 완화할 수 있다.

 100년 넘게 발전한 빛의 과학 덕분에 우리는 햇빛과 몸의 커뮤니케이션에 대해 많은 것을 알게 되었다. 생명을 지탱하는 에너지원인 햇빛의 누명을 벗기고, 햇살과 건강한 만남을 시작하기를 바란다.

 몸이 무거운 날일수록, 하루를 열기 힘들수록 기억할 수 있으면 좋겠다. 햇빛이 조용히 기다리고 있음을. 언제든 나오면 포근히 감싸줄 것임을. 고통과 돌봄을 나누는 관계에 햇살 산책이 많아지면 좋겠다.

햇빛은 생체리듬을 지휘하는 조용하고도 강력한 힘이다

몸을 깨우고 재우는 햇살 산책

일어나서 바로

(1시간 이내)

**모자, 선글라스 없이
햇살 받기**

(화창한 날 5분~흐린 날 30분)

**낮은 각도에서
비추는 햇살이 BEST**

(일출/일몰 즈음)

하루 세 번 바뀌는 조명

실내에서 많은 시간을 보내는 일상이라면, 생체리듬에 영향을 주는 실내조명을 더욱 신경 써야 한다. 외부 빛 변화에 맞춰 실내조명을 조율할 수 있어야 생체리듬을 지킬 수 있다. 하루를 빛의 전환에 따라 크게 세 구간으로 나누고 각각에 상응하는 조명 환경을 살펴보자.

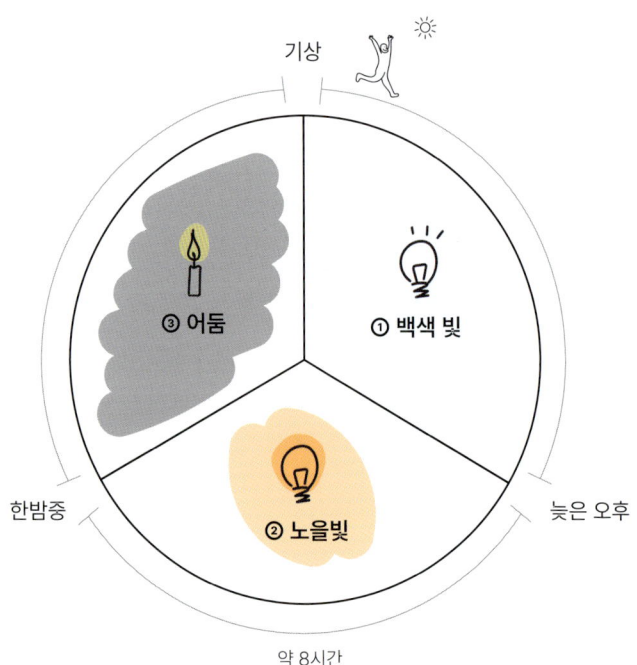

1. 백색 빛 구간

아침에 일어나서부터 약 7~9시간은 조명을 가장 밝게 조성하는 구간이다. 블루라이트가 몸을 깨우고 정신을 맑게 하는 코르티솔, 노르아드레날린 등의 각성 호르몬을 자극하기 때문에 밤에는 해롭지만 아침에는 필요하다. 일어나면 바로 창문을 열거나 - 창문은 블루라이트를 많이 걸러 햇살 효과를 크게 상쇄시킨다 - 밖에 나가 햇살을 받는 것은 물론, 햇살처럼 밝고 흰 조명, 특히 머리 위 조명을 켜 놓는 게 좋다. 햇살이 드는 곳으로 책상, 작업대를 옮기거나 밝은 스탠드를 켜는 것 또한 좋다.

머리 위 조명　　데스크 조명　　햇살 받으며 작업

2. 노을빛 구간

하루를 시작한 지 8~9시간 정도가 지나 늦은 오후에 접어들면서는 조명의 높이와 밝기를 모두 낮추기 시작해야 한다. 저무는 해를 따라 머리 위 조명은 끄고 스탠드 밝기도 조금씩 줄인다. 노을빛처럼 노랗고 붉은 계열의 조명으로 전환하여 블루라이트를 최소화한다. 스마트폰과 노트북 화면도 다크 모드, 혹은 나이트 모드로 전환한다. 블루라이트 차단 안경이 있다면 적극 활용할 때다.

머리 위 조명 끄기   노란 조명으로 전환   밝기 감소 및 모드 전환

3. 어둠 구간

하루를 시작한 지 16시간 정도가 지나면 이미 한밤중이다. 잘 시간에 가까워질수록 조명을 최소화하고 어둠을 수호해야 한다. 잠을 부르는 호르몬인 멜라토닌은 어둠 속에서 원활히 분비될 수 있기 때문이다. 빛 공해가 심한 도시에서 블라인드는 낮보다 밤에 더 절실하다. 생체리듬을 무시하고 빛을 쏘아대는 거리, 상점, 지하철 등을 통과해야 할 때면 선글라스나 모자의 도움을 받을 수 있다.

조명 최소화하기

빛 공해 차단하기

빛의 리듬을 아는 감각

빛에 대한 감각이 깨어나면, 시간의 변화에 따라 몸이 알아서 필요한 빛을 요구한다. 늦은 오후에는 새하얀 형광등이 불편해져 노란 조명을 찾게 되고, 잠잘 시간이 가까워지면 작은 램프도 밝게 느껴져 촛불을 켜기도 한다. 컨디션이 저조한 날이면 눈 뜨자마자 창문을 활짝 열고, 집을 환히 밝히고, 밖으로 나가 햇살을 찾는다. 어쩔 수 없이 밤늦게까지 작업을 감행해야 할 때면 어둠을 유예한 채 밝은 조명의 힘을 빌리기도 한다.

머리는 알지 못해도 몸은 이미 빛의 리듬을 타는 법을 알고 있다. 몸의 감각에 귀 기울이는 연습이 조금 필요할 뿐이다. 그러나 도시는 빛의 리듬을 모른다. 농촌에서는 벼가 자라지 못한다고 가로등도 함부로 못 세우지만, 도시에서는 때와 장소를 가리지 않고 백색 조명이 환히 켜져 있다. 도서관, 지하철같이 소중한 공공시설에서 빛의 습격을 받을 때 특히 괴롭다. 우리가 사는 곳이 우리 몸과 단절되어 있다.

빛 공해를 최소화하고
생체리듬을 지키려는
코펜하겐의 LED 가로등

SLEEP

Max Richter <SLEEP> 콘서트 현장 ©Rémi Chauvin

삶을 위한 잠의 여행

 시계가 자정을 가리키면, 날짜가 넘어간다. 새로운 하루를 맞는다. 기계는 그렇게 얘기한다. 이미 잠들어 있는 이는 의식이 없기에 아직 '새 하루'를 맞지 못했다. 깨고 나서야 비로소 하루를 시작할 것이다. 잠들지 못한 이는 이미 '어제'가 되어버린 오늘과 이미 '오늘'이 되어버린 내일 사이에서 살짝 혼란스럽고 어정쩡하게 있다. 잠을 거치고 나면 비로소 어제는 온전한 어제가, 오늘은 온전한 오늘이 된다.

 어떻게 보면 하루는 잠으로 시작하고 잠으로 마무리된다. 잠을 거치지 않고서는 하루의 온전한 시작도, 온전한 끝도 없다. 그러나 사회적 압박이나 신체·정신적 고통, 혹은 생물학적 한계를 뛰어넘고 싶게 만드는 어떤 열망으로 인해 우리는 종종 잠을 유예하게 된다. 생생한 감각으로 '산다'기 보다는 지친 심신으로 버티며 '통과'하는 시간이다. 삶의 모든 순간을 오롯이 살 수는 없다. 때로는 그저 통과하는 게 요구된다. 살아 '내는' 것이다. 그러나 가능한 한, 허락되는 한, 삶은 온전히 '사는' 것이길 바라며 노력한다. 우리의 삶을 위해 잠을 다시 바라봐야 하는 이유다.

잠은 목표를 달성하기 위해 가장 먼저 희생되곤 한다. 잠에 대해 사회 문화적으로 무지하고 또 오해하고 있기 때문이다. 잠은 깨어있는 시간을 잡아먹는 걸림돌이 아니다. 오히려 깨어있는 시간 동안 무엇을, 얼마나, 어떻게 해 낼 수 있는지를 결정하는, 삶의 전제 조건이다. 잠은 우리가 얼마나 살지 뿐만 아니라, 얼마나 건강하게, 창의적으로, 온화하게 살 수 있는지에 지대한 영향을 미친다. 잠의 질과 양은 삶의 양과 질로 직결된다.

깨어있는 상태로는 갈 수 없는 잠의 세계로 짧은 여행을 떠나보자. 수면 과학자들의 가이드를 따라 잠자는 동안 몸이 어떻게 치유되고 성장하는지 함께 살펴보자.

회복과 성장의 교향곡

잠이 없는 삶, 즉 100% 깨어 있는 상태로 지속되는 삶에는 심각한 고통과 이른 죽음이 따른다. 몸 안의 노폐물은 쌓이고 신체적, 정신적 상처들은 회복의 기회를 얻지 못한 채 악화되기 때문이다.

삶이 전쟁 같은 날일수록, 잠으로 돌보고 재정비하는 시간이 필요하다. 잠은 긴장 속에서 빠르게 뛰었던 심장의 속도를 늦추고, 붙잡고 있던 근육을 이완해 준다. 쌓였던 피로 물질과 대사 폐기물을 청소하고, 원치 않는 정보와 기억을 정리할 뿐만 아니라, 상처를 치유

신경세포 간의 불꽃 튀는 전기 커뮤니케이션을 탐지하는 뇌파 검사 electroencephalography, EEG를 통해 잠의 구조와 역할을 들여다볼 수 있게 되었다. 뇌파^{brainwave}란 수천에서 수십억 개의 신경 세포들

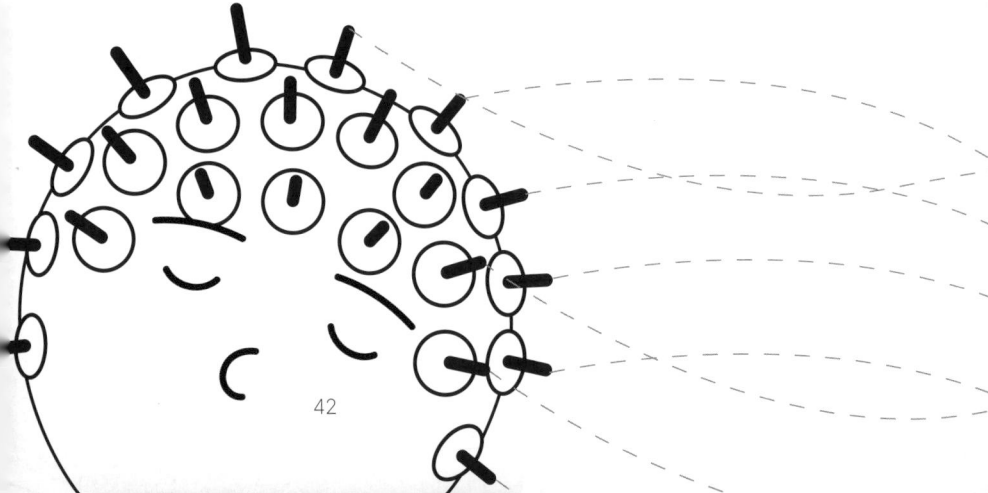

해 준다. 잠을 자고 나면 자기 전과는 다른 존재가 되어 있다. 잠은 삶에 허락된 리셋 버튼이며 의식으로는 접근할 수 없는 신비한 '부활' 의례와도 같다.

수면은 조용하고 정적인 상태가 아니다. 깨어 있을 때와 구분이 안 될 정도로 뇌가 역동적으로 활동하기도 하고, 한편으로는 깨어 있을 때와 다른 차원으로 신경세포들이 하나의 교향곡을 연주하듯 동기화되어 활동하기도 한다.

이 동시에 상호작용할 때 뇌 표면에서 감지되는 전기 신호다. 뇌파는 다양한 주파수와 진폭의 패턴들로 관찰되는데, 이는 수면, 통증, 호흡, 소화 등의 자율신경계 기능과 각성 및 집중, 학습, 기억, 의사결정, 언어 처리 같은 인지 능력, 감정 조율 등 몸의 여러 생리학적, 심리학적 상태와 기능을 이해하는 데 쓰인다.

잠의 구조와 역할

잠은 90분 리듬을 타고

잠은 평균 90분 (70분~120분 사이) 주기마다 크게 두 종류의 상태를 오간다. 하나는 깨어있을 때와 비슷한 빠르고 얕은 뇌파가 특징인 렘^{REM, Rapid Eye Movement} 수면[*], 다른 하나는 깨어 있을 때는 경험할 수 없는 느리고 동기화된 뇌파가 특징인 비렘^{NREM, Non-Rapid Eye Movement}수면이다. 비렘수면은 수면 깊이에 따라 가장 얕은 1단계부터 깊은 4단계까지로 나뉜다.

*눈꺼풀 밑에서 빠르게 좌우로 왔다갔다 하는 안구 운동이 일어나 렘수면이라 부른다.

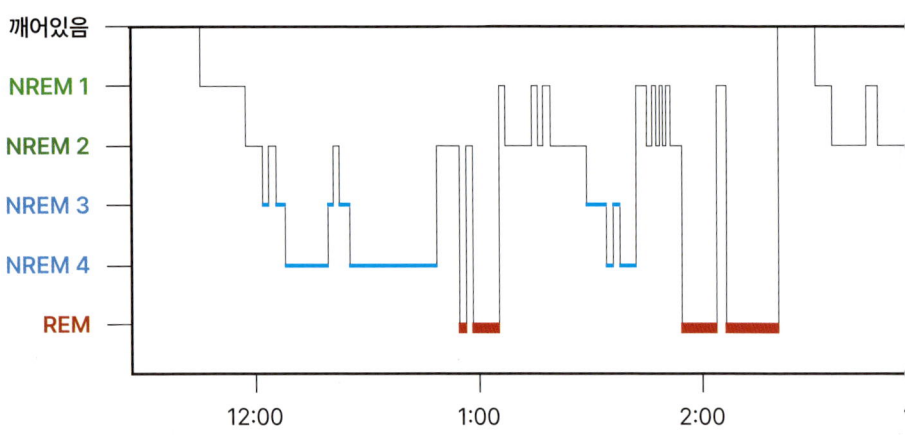

치유의 합창단, 비렘수면

잠에 들면 얕은 비렘수면을 거쳐 깊은 비렘수면 상태로 진입한다. 수면 과학자 매튜 워커$^{Matthew\ Walke}$가 '천연 혈압약'이라고 부르는 (특히 3, 4단계) 비렘수면에서는 심장 박동과 혈압이 10~15% 정도 감소하며, 자연스럽게 혈압 조절이 일어난다. 근육 톤* 또한 20~30% 감소하여 몸이 깊이 이완된다. 돋보이는 건 0.5~4Hz의 느린 주파수로 수억 개의 신경 세포들이 함께 합창하

*힘을 주고 있지 않은 휴식 상태에서도 관절 지지와 움직임을 위해 기본으로 들어가는 근육 긴장 정도

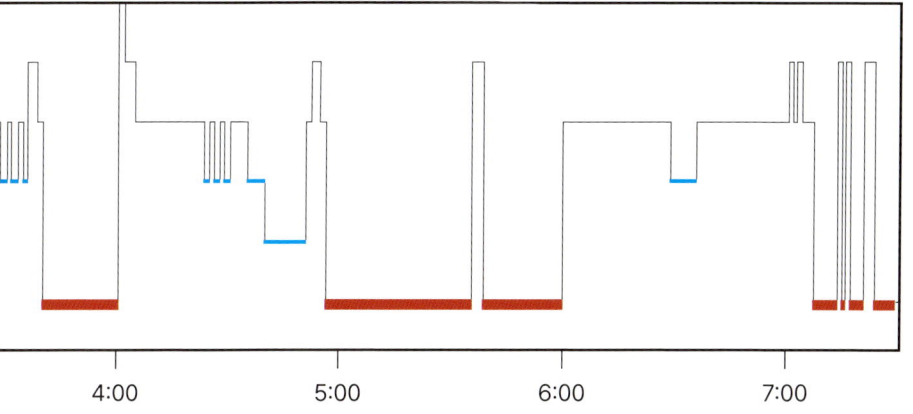

듯 동기화된 전기 활동을 보이는 양상이다. 느리고 동기화된 뇌파는 뇌 영역 간의 협력을 촉진하여 여러 신체, 인지 작용을 돕는다. 호르몬을 조절하고 세포를 수리하며 신체를 회복시키고, 깨어 있을 때 학습한 정보를 처리하여 영구 저장소로 전송하는 등 기억 정리와 강화를 돕는다.

감정 구급상자, 렘수면

잠에 들고 첫 한 시간가량 비렘수면을 거치면, 짧게 렘수면 구간으로 진입한다. 렘수면은 꿈이 주로 일어나는 곳으로, 감정 구급상자 역할을 한다. 깨어 있을 때와 유사하게 뇌에서 30~40Hz의 빠르고 활발한 전기 활동들이 일어나지만, 근육은 완전히 마비되어 있어 '모순적인 수면paradoxical sleep'이라 불리기도 한다. 근육 마비 현상은 꿈속 행동을 현실로 옮겨 스스로나 타인을 해치지 않도록, 렘수면 직전에 뇌간에서 운동 신경세포를 억제하는 안전장치다. 렘수면에서 종종 생생하고 격렬하며, 이해할 수 없는 꿈을 꾸게 되는데, 감당하기 어려운 감정을 기억에서 떼어내어 꿈의 형태로 재가공하는 작용이다. 꿈을 통해 과거 경험의 정서적 고통이 점점 옅어질 수 있는 것이다.

렘수면 동안 합리적 사고를 담당하는 전두엽 피질은 억제되고 시각, 운동, 기억, 감정을 담당하는 뇌 영역들은 활발해진다. 이성과 논리의 통제에서 벗어나 드라마틱한 꿈을 꿀 수도,* 비전형적이고 독창적인 발상을 할 수도 있다. 시각적 상상력, 감정 처리 능력, 연상적 사고력이 향상되어, 깨어 있을 때 풀지 못한 문제에 새롭게 접근할 수도 있고, 아이디어들을 창의적으로 직조할 수도 있다. 자고 일어나면 어지러웠던 감정과 생각이 한결 정리되고, 침체된 창작에 다시 활력이 생기는 이유다.

*다른 수면 때와는 달리 시각, 청각과 같은 감각이 깨어있는 단계이기에 외부 소리 등의 감각 신호가 꿈에 영향을 미치고 통합될 수도 있다.

렘수면-비렘수면 조합과 재배열

수면은 건강한 성인 평균 7~9시간 동안 약 90분마다 렘수면과 비렘수면이 다른 비율로 조합되는 구조로 되어 있다. 수면 전반부에는 비렘수면, 특히 느린 뇌파 활동이 강력해지는 깊은 비렘수면 비율이 높고, 후반부에는 렘수면 비중이 높아진다. 따라서 잠을 늦게 자면 깊은 비렘수면 손실이 더 크고, 일찍 깨면 렘수면 손실이 더 크다. 특히 전체 수면의 20~25%를 차지하는 비렘수면은 대부분 후반부에 일어나기에, 평소보다 2시간 일찍 일어나면, 단순 2시간이 아닌, 렘수면의 절반 혹은 $2/3$도 잃을 수 있다.

현 인류의 수면 구조는 수만 년의 치열한 생존과 진화를 통과한 유산이다. 그 어떤 수면 단계도 쉽게 조작하거나 희생할 수 없다는 것이다. 약 90분마다 렘수면과 비렘수면이 역동적으로 재배열되는 과정이 있기 때문에 성장과 회복이 가능해진다.

예를 들어 렘수면과 비렘수면 모두에서 활발하게 분비되는 성장호르몬은 근육 성장과 치유, 유지뿐만 아니라, 피부, 면역계 등 다양한 세포들의 성장과 수리를 돕고 지방의 연소와 에너지 전환에 기여한다. 기억 정리, 감정 처리 등 몸과 마음을 치유하고 성장시키는 다

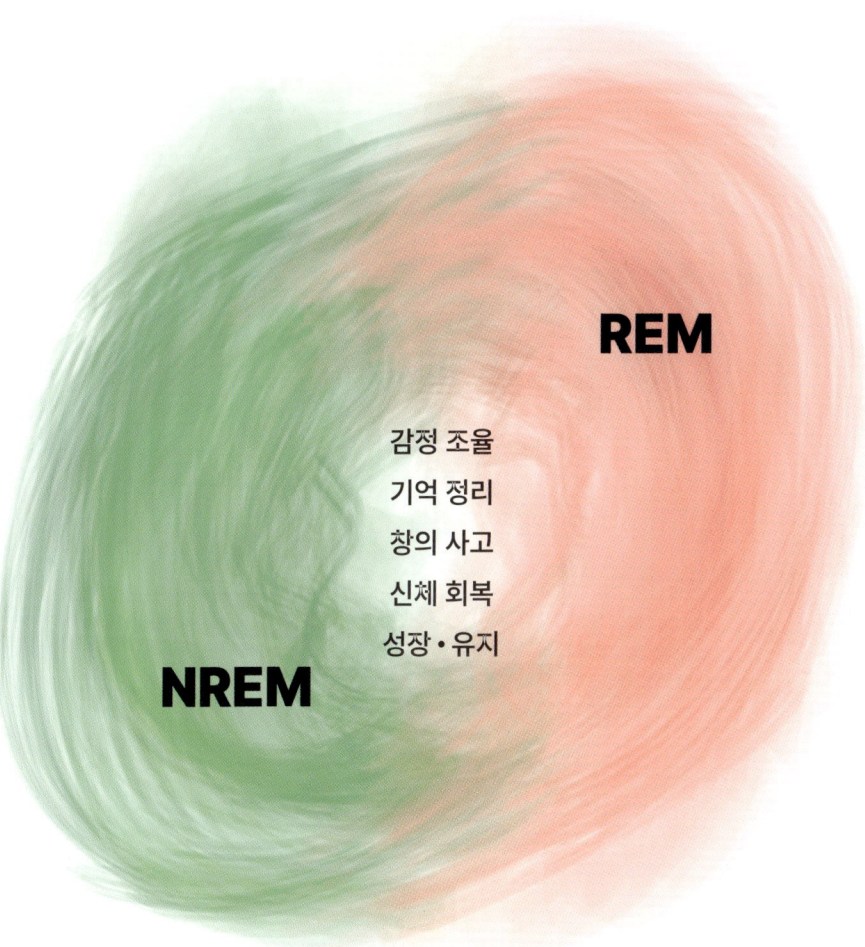

양한 작용이 렘수면, 비렘수면 단계들을 거치며 일어난다. 총 7~9시간 정도의 순환이 필요한 잠의 구조를 총체적으로 지켜야 하는 이유다.

수면 결핍과 이별하는 문화

하루 대부분을 자는 유아기, 9~12시간을 자는 아동기, 8~10시간 자야 하는 청소년기*, 7~9시간을 필요로 하는 성인기까지, 생애주기와 생활 방식의 변화에 따라 수면 패턴은 끝없이 변한다. 하지만 생명 유지를 위해 지켜져야 하는 수면의 기본값은 여전히 존재한다.

수면의 질과 양이 떨어지면 심장질환을 포함한 여러 질병을 초래하고, 인지 및 면역 기능이 손상되어 수명을 단축할 확률이 높아진다는 것을 수많은 연구가 밝혀냈다. 잠은 죽어서 자는 게 아니라, 잠을 잘 자기 때문에 살 수 있는 것이다. 잠에서 생명이 시작되고, 성장하고, 회복하며 지속한다. 잠이 끝나면 삶도 끝나고, 삶이 끝나면 잠도 끝이 난다.

*청소년기에는 생체리듬이 두 시간가량 뒤로 미뤄져서, 늦게 자고 늦게 일어나는 것이 자연스럽다.

수면을 언제든 희생할 준비가 되어 있는 것은 체력과 근면함의 상징이 아니다. 생명을 위험에 빠뜨리고 해치는 문화의 산물임을 수십 년의 과학 연구 끝에 이제는 분명하게 말할 수 있다. 70년대에 만들어진 '사당오락'* 같은 유행어가 2000년대까지 아동, 청소년들의 잠을 핍박하는 근거로 쓰였던 비극은 더 이상 되풀이되지 않기를 바란다. 툭하면 얼마나 밤을 잘 새는지의 여부로 젊음과 체력을 논하는 언어도 바로잡아야 한다. 평균 20대 중반까지 뇌가 발달하는 청년들이 안전하게 성장할 수 있도록 보호하고 지지해 줘야 한다. 수면 결핍을 권하는 문화는 성찰과 반성 속에서 조용히 도태시켜, 부디 자라나는 세대에겐 낯선 과거로 알려질 수 있으면 좋겠다.

*하루에 4시간 자면서 공부하면 대학에 붙고 5시간 자면 떨어진다는 뜻

잠들지 않는 도시의 슬픔

늦은 시간까지 깨어 있는 밤이면 차례차례 재활용, 음식물, 일반 쓰레기를 수거해가는 청소 노동자들의 소리를 듣는다. 같은 시각 배송 노동자들은 '총알 배송', '새벽 배송'의 속도에 맞춰 밤새 정차와 출발을 반복한다. 어렵게 공무원이 된 언니는 월 할당 야근수당을 다 채우고도 일이 끝나지 않아 집에 돌아오지 못한다. 언니를 기다리느라 잠을 설친 어머니는 해 뜨기 전 출근하는 아버지를 위해 어둠 속에서 간식을 챙긴다.

수많은 생명들의 터전임에도 도시는 쉽사리 밤을 허락하지 않는다. 2009년 덴마크에서는 야간 근무(주 1회 이상)를 20~30년간 하면서 유방암 판정을 받은 여성들에게 산재 보상을 해 주는 역사적인 판결을 했다. 야간 근무와 암 발병 위험의 상관관계를 밝히는 연구들이 수십 년 동안 쌓이고 쌓여, 더 이상 무시할 수 없게 된 것이다. 이로써 밤에 잠들지 못하고 노동을 감행하는 시스템이 심각한 질병을 초래한다는 사실을 공식적으로 인정한 첫 국가가 되었다.

건강권의 근간인 수면권이 위협받는 한, 사회는 결코

안전할 수 없다. 야간 노동이 정말 필요한 곳인지, 다른 대안은 없는지, 필요악이라면 얼마만큼 필요한지, 어떻게 최소화할 수 있는지, 노동자들이 자신이 감수할 위험에 대해 충분히 안내받았는지를 사회적으로 면밀히 검토해야 한다. 근무 시간과 빈도에 대한 규제가 필요한 것은 물론, 야간 노동자들의 건강을 주기적으로 모니터링하며 잠재적 위협을 완화하는 조치를 취해야 한다. 이미 잃어버린 건강, 몸을 잠식한 질병, 깜깜해진 앞날은 그 무엇으로도 보상할 수 없다. 사후 복지도 갈 길이 멀지만, 눈에 보이지 않는 위협에 대응하는 예방 복지에 더 적극적인 관심과 노력이 필요하다.

밤새 꺼지지 않는 사무실 조명, 편의점을 지키고 있는 어린 알바생, 말끔히 청소된 거리와 지하철, 새벽부터 문 앞에 놓여 있는 택배 물품, 모든 게 그냥 지나쳐지지 않는다. 어둠을 밝히는 환한 불빛 아래 보이지 않는 노동을 하는 몸들이 눈앞에 어른거린다. 그들의 건강과 삶을 담보로 한 노동의 혜택을 누리는 마음이 무겁다.

예측할 수 없는 변수와 위험이 늘어난 사회에서 수면이 많이 흔들리는 나날이다. 요즘 우리의 수면은 기후 위기로 들쑥날쑥한 계절의 모습과 닮아있다. 비발디가 '사계'를 작곡한 1725년부터 2019년까지의 기후 데이터와 알고리즘에 기반하여 원곡을 수정한 'For Seasons'를 수면 챕터를 쓰면서 다시 떠올렸다. 'For Seasons'는 원제 'Four Seasons'에서 u가 탈락하고 묘하게 '(사)계절을 위하여'라는 뜻을 담은 제목이다.

2019년 독일 NDR 엘프필하모니 오케스트라의 'For Seasons' 연주 영상

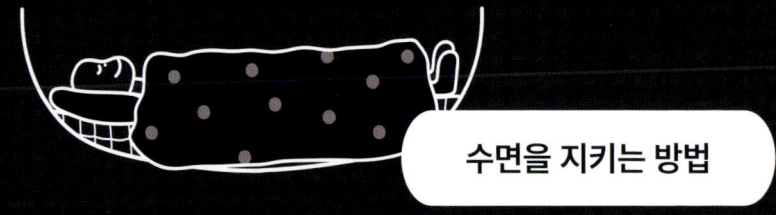

수면을 지키는 방법

잠에 들 시간 설정

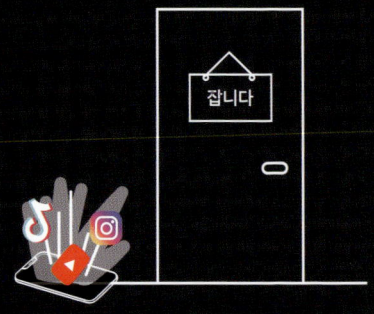

디지털 자극 차단

신체·정신적 에너지 해소

신체 중심부 온도 낮추기

수면을 지키는 방법

 몸이 꺼질 듯 힘든 하루를 보낸 날에도 잠을 자고 일어나면 좀 나아지는 경험을 하곤 한다. 수면은 산 사람이 누릴 수 있는 부활 의례와 같다. 노동을 선성하게 여기는 사회에서, 노동을 포함한 삶의 모든 면을 지탱하는 수면을 더 신성하게 여기는 패러다임이 필요하다.

 수면을 지키는 방법의 핵심은 시간과 공간의 측면에서 잠의 구역을 잘 조성하고 지키는 데 있다. 잠의 구역을 조성하는 것은 - 어렸을 때 경험했던 것처럼 - 안락하게 안겨 잘 수 있는 '품'을 어른이 된 스스로에게 만들어 주는 일이다. 보통 잠자리 환경을 개선한다 하면 침구를 가장 먼저 떠올리는데, 수면의 원리에 근거하여 더 근본적으로 세팅되어야 할 것들에 대해 짚고자 한다.

1. 잠자리 드는 시간 설정

첫 번째는 수면 효율성을 높이는 적절한 수면 시간을 설정하는 것이다. 수면 효율성은 잠자리에 누워 있는 시간 중 실제 자는 시간의 비율을 측정하는 척도다. 누워서 잠들기까지 걸리는 시간, 중간에 깨거나 뒤척이는 시간 등을 제외한 순수 수면 시간이 얼마나 확보되는지 살피는 것이다. 수면의 양과 질이 떨어지면 수면 효율성도 떨어진다. 건강한 수면은 통상 85% 이상의 수면 효율성을 담보로 한다.

$$수면\ 효율성\ (\%) = \frac{실제\ 자는\ 시간}{누워있는\ 시간} \times 100$$

권장 수면량을 참고하여 7시간 수면을 목표로 한다면, 건강한 수면 효율성 85% 기준으로 계산해 보았을 때 누워있는 시간은 8시간 15분 정도가 된다. 자기 전 알람을 7시간 뒤가 아닌, 8시간 15분 뒤로 설정해야 현실적으로 7시간 수면을 지킬 수 있는 것이다.

 만약 출근 시간이 정해져 있다면 기상 알람뿐만 아니라, 잠잘 준비를 시작할 취침 알람을 설정하는 게 수면을 지킬 수 있는 최소한의 조치다. 일어나서 샤워하고 옷을 갈아입는 등 하루를 여는데 한 시간 정도 걸리는 것처럼, 하고 있던 활동을 멈추고 수면을 준비하는 시간에도 한 시간 정도는 내어주어야 한다. 오늘 주어진 시간이 끝났음을 받아들이고 내일을 힘차게 시작하기 위해 정리 - 물리적 환경뿐만 아니라, 애쓴 몸과 마음을 풀어주는 등 총체적인 의미에서 '정리' - 와 계획이 필요하기 때문이다.

 만약 출근 스케줄이 유연하다면, 잠자리에 드는 시간에 따라 최소한의 수면을 확보할 수 있는 기상 시간을 설정해야 한다. 대개 잠드는 시간은 유동적인 데 비해, 알람은 이상 속의 오전 6시, 7시를 고수할 때가 많다. 지켜야 할 최소 수면 시간을 고려하지 않은 채 이른 기상을 강요한다면, 일어나지는 못한 채 계속 울리는 알람을 끄느라 아까운 수면 - 특히, 정서 조율에 필수적인 렘수면 - 을 놓치고 말 것이다.

물론 건강한 수면에는 규칙성이 필요하다. 그러나 수면 스케줄은 일과 흐름, 스트레스 지수, 계절 등 여러 요인의 영향을 받기에, 변화에 맞춰 사려 깊게 조율해야 한다. 이른 기상은 부지런함의 척도가 아니다. 수면이 희생된 부지런함의 허상을 지탱하기 위해 기상 알람을 오용 및 남용하지 않기를 바란다. 알람이 꼭 필요한 상황이라면 일어나고 싶은 시간보다, 일어나줘야 하는 가장 늦은 시간에 최소한으로 울리도록 설정해 두는 건 어떨까.

2. 디지털 자극과 거리두기

한편 잠에 들기까지 걸리는 시간, 자다 깨는 시간, 일어나기 전 뒤척이는 시간을 다 합쳐 한 시간 반이 넘어간다면, 수면 효율성 개선이 필요한 시점이다. 수면을 개선하기 위해서는 수면을 방해하는 자극부터 차단해야 한다.

스마트폰의 보급으로 영유아부터 노인까지 쏟아지는 디지털 자극에 무방비로 노출되고 있다. 손가락만 움직이면 화면에서 몸을 각성시키는 시청각 자극이 발산된다. SNS와 같은 디지털 플랫폼은 광고 수익을 내기 위해 사용자가 더 자주, 오래 접속하게끔 치밀하게 설계되었다. 따라서 한 번 잠깐 보는 것으로 끝나는 경우는 거의 없다. 터치 한 번에 수면 리듬을 순식간에 흔들어 놓을 수 있는 강렬한 자극이다.*

*p. 154에서 스마트폰이 몸과 삶에 미치는 영향을 자세히 다룬다.

스마트폰과 동침하는 것은 양질의 수면을 포기하는 것과 다를 바 없다. 스마트폰을 자는 공간에 아예 들여놓지 않기를 권장한다. 하루 종일 매여 있던 스마트 기기들은 잠의 구역 바깥에 - 기상 알람이 필요하다면 들을 수 있는 가장 먼 거리에 - 놓아두고, 자는 시간만큼은 온전히 자유의 몸이 되길 바란다.

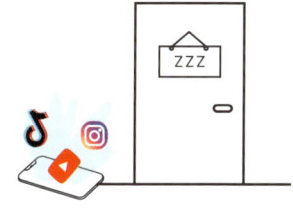

3. 신체·정신 에너지 해소

 몸이 무겁고 피곤한데도 쉬 잠에 들지 못하는 날이 있다. 오만 감정과 생각들에 휩싸이기도 한다. 신체적, 정신적 에너지가 잘 순환되지 못하고 몸에 남아 잠의 질서를 흩트리고 있기 때문일 수 있다. 몸에게 그간 충분한 해소와 돌봄의 시간이 있었는지 관심을 기울일 때다.

 부정적인 감정과 생각에 갇힌 정신적 에너지든, 찌뿌둥하게 고여 있는 신체적 에너지든, 힘이 들어도 외부로 털어내고 흘려보내 줘야 한다. 내부에 쌓일수록 우리 자신을 무겁게 짓누를 것이다. 가장 쉽고 효과적인 해결책은 산책이다. 바람과 바다가 끝없이 순환하며 스스로를 정화하는 것처럼 말이다.

 격렬한 밤 운동은 신체를 너무 흥분시켜 잠을 방해할 수 있지만, 산책과 같은 가벼운 움직임은 잠에 도움을 준다. 코르티솔, 아드레날린과 같은 스트레스 호르몬을 조율하고 엔도르핀 분비를 촉진하여 기분 좋고 이완된 상태를 도모할 뿐만 아니라, 활동 중 올라갔던 체온이 후에 하강하면서 잠이 더 잘 올 수 있게 한다. '운동'의 이미지나 강박에서 벗어나, 차를 좀 더 멀리 주차하거나 계단을 이용하는 등 일상에서 꾸준히 몸을 움직일 기회를 발견하고 만드는 시도가 중요하다.

 물리적으로 산책이 여의찮은 날이라면, 좀 더 다양한 형태로 확장할 수 있다. 손가락 까닥할 힘도 없을 때, 머릿속으로 산책을 상상해 볼 수 있다. 평온한 풍경 속에서 산뜻하게 거니는 장면을 떠올리는 것으로도 몸과 마음을 이완시켜 수면에 도움을 받을 수 있다. 잠이 오지 않을 땐 양을 세는 것 보다, 산책하는 상상을 권한다.

잠이 안 오면 양을 센다?

양을 세면 잠이 잘 온다는 것은 사실이 아니라 미신으로 밝혀졌다. 양을 세는 방법은 불안, 초조함 등의 부정적 감정으로부터 주의를 돌리기에 그다지 효과가 없을뿐더러, 오히려 두뇌를 활성화해 잠을 지연시키는 부작용을 낳기도 한다.

　일지를 작성하는 것 또한 생각과 감정을 통과하는 '산책'이라 해석할 수 있다. 불안, 분노 등의 부정적 감정을 쓰는 '감정 일지'를 통해 손으로 어두운 감정의 풍경을 통과할 수 있다. 오늘 해낸 일과 내일 할 일들을 쓰면서, 씨름하고 있는 작업에 대한 초조함을 정리하는 방법도 있다. 마음과 머릿속에 떠다니는 것들을 기록함으로써 외부로 배출시킬 때, 잠들기까지 걸리는 시간을 줄이고 수면 효율성을 높일 수 있다. 여러 과학 연구가 밝혀낸 사실이다.

4. 신체 중심부 온도 낮추기

　수면을 위해서는 생각보다 더 선선한 환경이 필요할 수 있다. 수면이 일어나는 과정을 보았을 때 신체 중심부 온도가 0.5℃에서 1.5℃ 정도 떨어지면서 잠이 촉진되기 때문이다. 신체 중심부란 척수, 뇌를 포함한 장기들을 일컫는다. 이를 둘러싼 환경이 너무 따뜻하면 오히려 잠드는 것을 방해할 수 있다.

신체 중심부 온도는 가장자리(손발) 혹은 표면(피부)의 온도를 높이는 방법으로 떨어뜨릴 수 있다. 대표적인 방법이 따뜻한 샤워나 목욕이다. 따뜻한 물로 몸을 데우면 피부 표면에서 온도를 감지하는 신경 세포가 뇌에 신호를 보내고, 체온 조절을 담당하는 시상하부가 더운 외부 환경에 대응하여 체온을 떨어뜨리고자 한다. 피부 혈액 공급을 높이는 등 열 손실을 높이는 작용을 촉진하고, 그 결과 체내 중심부 온도가 떨어지며 잠이 오게 된다.

잠들기 전 자신에게 할 수 있는 선물 하나를 떠올려 본다면 와인 한잔 보다는* 따뜻한 샤워나 목욕을 추천한다. 평소 손발이 차다면, 몸이 가장자리에 가는 열을 최소화하여 중심부 온도를 유지하려고 애쓰는 상황일 것이다. 수면 양말, 핫팩을 활용해 손발을 따뜻하게 하면, 같은 원리로 중심부 온도를 떨어뜨려 수면을 도울 수 있다.

*p. 162에서 어떻게 알코올이 수면을 망가뜨리는지 살핀다.

함께 빛나는 일의 리듬

똑같은 24시간도 사람마다 다른 리듬을 탄다. 언제 컨디션이 좋으며 집중력과 생산성이 높은지, 언제 피곤해지고 점차 맥을 못 추는 상태가 되는지 각각 다르다. 삶의 환경도 다양하고, 생체리듬을 관장하는 유전자들도 다르게 작용하기 때문이다.

24시간 일주기리듬을 타는 방식을 분류한 것이 '일주기유형chronotype'인데, 크게 아침형morning type, 저녁형evening type, 아침형도 저녁형도 아닌 중간형neither type으로 나뉜다. 일주기유형은 생물학적으로 타고 난다. 함부로 바꾸려고 하면 수면 부족을 초래해 카페인 섭취량 증가, 체중 증가, 고혈압과 당뇨 위험 증가 등의 부작용이 따를 수 있다. 아침형 중심 사회에서 저녁형들이 더 큰 위험과 고통에 처하는 이유다.

아침형 중심 사회에서 저녁형의 평균 수면 시간은 6.6시간으로 권장 최소 수면량보다 더 적다. 저녁형들이 겪는 만성 수면 부족은 신체적 위협뿐만 아니라, 심적인 고통에 시달릴 확률도 높인다. 저녁형이 아침형보다 우울증에 시달릴 가능성이 2~3배 더 높다는 연구도 있다. 저녁형이 아침형보다 늦게 자지만 똑같이 일찍 일어나야 하는 상황에서, 수면 후반부에 주로 일어나는 렘수면을 크게 희생할 위험이 따르기 때문이다. 렘수면은 감정 조율에 중추적인 역할을 한다. 따라서 자신의 생체리듬보다 더 조급하게 업무와 상호작용을 요구하는 사회 환경에서 저녁형이 감당해야 할 스트레스는 높을 수밖에 없다.

실제로 잠이 부족한 날 뇌를 fMRI로 스캔해 보면, 위협적이거나 부정적인 경험에 두려움 반응을 촉발하는 편도체의 반응성이 60% 높아지는 것을 볼 수 있다.

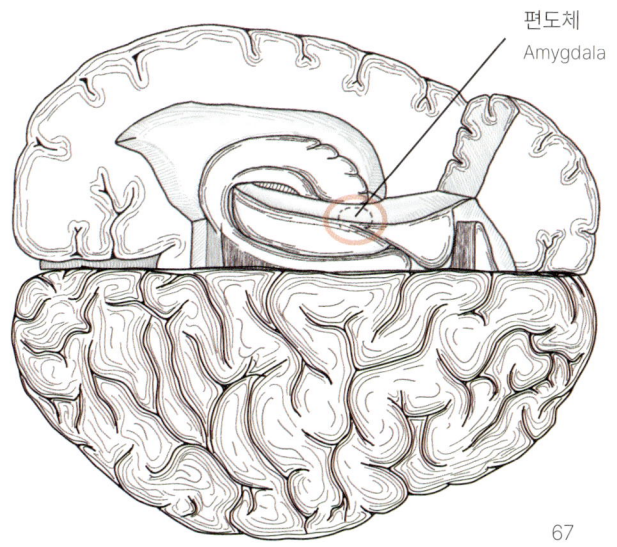

편도체
Amygdala

수면 부족의 여파는 편도체의 과잉 활동에 그치지 않는다. 합리적 판단과 의사결정 등을 담당하는 전전두엽과 편도체 간의 연결이 교란되고, 싸움-도피 반응에서 아드레날린 회로를 활성화하는 뇌간과 편도체는 더 잘 결합하는 사태가 빚어진다. 잠이 부족하면 같은 상황에서도 심리적으로 더 크게 타격을 받고 정서 조율이 어려워지는 이유다.

 사람마다 일주기유형이 다른데, 왜 모두 '9 to 6'에 충성하고 있을까? '같은 일주기유형'이 채용 조건이 아닌 이상, 팀원마다 생산성 리듬은 다를 수밖에 없다. 팀의 효율과 성장을 위해 팀에게 맞는 일주기리듬의 '공통 분모', 혹은 최상의 타협점을 찾고 그 시간대를 최적화하는 것이 필요하다.

몸의 리듬을 존중하는 일터

 독자의 상상력을 촉진하기 위해, 저자의 첫 직장 경험을 나누고 싶다. 200명 정도 규모의 테크 기업이었는

데, 낮에는 아이들과 시간을 보내고 이른 저녁에 출근하는 아빠도 보았고, 7시 모닝 댄스파티에서 두 시간가량 신나게 몸을 털고 출근하는 힙스터도 보았다. 둘 다 자신이 최상의 컨디션으로 일할 수 있는 리듬을 아는 우수한 엔지니어였다. 또한 4시쯤 근처 산책로를 뛰는 사내 러닝 클럽에 일과를 칼같이 끝내고 오는 이도 있었고, 업무 중간에 환기할 겸 오는 이도 있었다. 다양한 리듬과 라이프스타일이 버무려진 일터를 첫 직장으로 경험한 것은, 큰 축복(창의적이고 유연한 사고 능력)이자 저주(경직된 규범에 고통을 느끼는 민감성)가 되었다.

 7년이 지난 지금, 팀원들의 일주기유형은 물론 외근 빈도, 월경 주기, 아토피 상태 등을 고려해서 탄력적으로 일과를 조율할 수 있는 시스템을 변화의월담에서 만들어 가고 있다. 구축 과정은 험난했다. 전형적인 '9 to 6' 조직, 아침형 인간을 우대하는 사회에서 일했던 과거 경험들은 생각보다 깊이 내면화되어 있었다. 조용하고도 견고하게 쌓인 '일의 기준'을 깨뜨리는 건 수많은 오해와 싸움, 이해와 성찰을 수반하는 수년의 실험이 필요했다. 눈물 나게 치열했던 시행착오 속에서도 고유한 몸이 존중받고 싶은 욕구와 서로의 성장에 대한 믿음이 있었기에 그 과정을 감내할 수 있었다. 누구나 '대체할 수 있는 인력'이라고 치부하는 사회에서, 무엇과도 바꾸지 않을 유일무이한 동료들이 하나둘씩 탄생했다.

몸의 리듬을 존중하며 일의 방식을 창의적으로 바꿔갈 수 있다면, 입사 전 반짝거렸던 개인이 조직 속에서 희미해져 가는 비극을 피할 수 있지 않을까. 변화를 만드는 첫걸음으로 과학계에서 일주기유형 판단에 널리 쓰이는 'MEQ 아침형-저녁형 설문'을 뒤 페이지에 첨부한다. 따로 또 함께 빛날 수 있는 업무 시스템을 구축하는데 좋은 토대가 될 것이다. 뿐만 아니라, 그간 몸에 어긋난 리듬을 고수하느라 애썼던 팀원들을 이해하고 다독일 수 있는 계기가 되길 바란다.

웃을 수 있는 과거가 되었지만, 한때 이른 아침 수련을 고집했던 시간을 감당해 주고, 함께 할 수 없는 이유가 열의나 준비 부족이 아니라는 걸 깨닫게 해 준 저녁형 동료 윤일에게 미안함과 고마움을 전한다.

똑같은 24시간도 사람마다 다른 리듬을 탄다. 우리 팀에게 맞는 일주기리듬과 최상의 타협점을 찾고, 최적화하는 것이 팀의 효율과 성장을 돕는 길일 것이다. 수면 과학자들이 발명한 '아침형-저녁형 설문'을 통해, 따로 또 함께 활짝 피어날 수 있는 시간대를 찾고 그간 몸에 어긋난 리듬을 고수하느라 애썼던 과거의 시간을 다독일 수 있기를 바란다.

Horne & Östberg Morningness-Eveningness Questionnaire

한국판 아침형-저녁형 설문 (MEQ-K)

- 문항 순서대로 답을 하세요. 문항별 답은 하나만 선택할 수 있습니다.
- 문항 간 관계 없이 개별적으로 답을 하세요. 되돌아가서 답을 수정하지 마세요.

1. 낮 시간을 자유롭게 보낼 수 있다면, 최상의 리듬을 느끼기 위해 언제 일어날 것 같나요?

   - 오전 5:00 - 6:30 ☐
   - 오전 6:30 - 7:45 ☐
   - 오전 7:45 - 9:45 ☐
   - 오전 9:45 - 11:00 ☐
   - 오전 11:00 - 오후 12:00 ☐

2. 저녁 시간을 자유롭게 보낼 수 있다면, 최상의 리듬을 느끼기 위해 언제 잘 것 같나요?

   - 오후 8:00 - 9:00 ☐
   - 오후 9:00 - 10:15 ☐
   - 오후 10:15 - 오전 12:30 ☐
   - 오전 12:30 - 1:45 ☐
   - 오전 1:45 - 3:00 ☐

3. 정해진 시간에 일어나야 한다면, 알람 시계에 얼마나 의존할 것 같나요?

전혀 의존하지 않는다 ☐   약간 의존한다 ☐
꽤 의존한다 ☐   매우 의존한다 ☐

4. 적절한 환경에서 잠을 잔다면, 아침에 일어나기가 쉽나요?

전혀 쉽지 않다 ☐   약간 쉽다 ☐
꽤 쉽다 ☐   매우 쉽다 ☐

5. 아침에 일어나서 30분 동안, 얼마나 확실하게 깨어 있나요?

전혀 그렇지 않다 ☐   약간 그렇다 ☐
꽤 분명하게 깨어있다 ☐   매우 분명하게 깨어있다 ☐

6. 아침에 깨서 30분 동안, 식욕은 어떤가요?

전혀 좋지 않다 ☐   약간 좋다 ☐
꽤 좋다 ☐   매우 좋다 ☐

7. 아침에 깨서 30분 동안, 얼마나 피로감을 느끼나요?

매우 피곤하다 ☐   꽤 피곤하다 ☐
꽤 개운하다 ☐   매우 개운하다 ☐

8. 다음날 할 일이 없다면, 평소와 비교하여 언제 잠자리에 드나요?

평소보다 늦게 잠자리에 드는 경우가 거의 없다 ☐

평소보다 1시간 이내 늦게 잠자리에 든다 ☐

평소보다 1 - 2시간 정도 늦게 잠자리에 든다 ☐

평소보다 2시간 이상 늦게 잠자리에 든다 ☐

9. 운동을 하기로 결정했을 때, 친구가 일주일에 두 번씩 오전 7시~8시에 하자고 제안한다면, 하루 중 가장 좋은 상태와 비교할 때 운동을 얼마나 잘할 수 있나요?

잘 할 것이다	☐	보통일 것이다	☐
어려울 것이다	☐	매우 어려울 것이다	☐

10. 저녁 몇 시에 피로감을 느껴 잠을 자고 싶은가요?

오후 8:00 - 9:00	☐	오후 9:00 - 10:15	☐
오후 10:15 - 오전 12:45	☐	오전 12:45 - 2:00	☐
오전 2:00 - 3:00	☐		

11. 2시간 동안 정신적으로 지치는 검사를 받을 경우, 자유롭게 시간을 선택한다면 다음 중 검사를 수행하기에 가장 좋은 시간은 언제인가요?

오전 8:00 - 10:00	☐	오전 11:00 - 오후 1:00	☐
오후 3:00 - 5:00	☐	오후 7:00 - 9:00	☐

12. 오후 11시에 잠자리에 든다면, 피로도는 어느 정도인가요?

    전혀 피곤하지 않다 ☐   약간 피곤하다 ☐

    꽤 피곤하다 ☐   매우 피곤하다 ☐

13. 어떤 이유로 평소보다 몇 시간 늦게 잠자리에 들었으나, 다음 날 아침 정해진 시간에 일어나지 않아도 된다면 다음 중 어떤 가능성이 가장 높나요?

    평소와 마찬가지로 깨어나고 다시 잠들지 않을 것이다 ☐

    평소와 마찬가지로 깨어나고 나중에 졸 것이다 ☐

    평소와 마찬가지로 깨어나지만 다시 잠들 것이다 ☐

    평소보다 늦게 깨어날 것이다 ☐

14. 야간 당직으로 새벽 4시부터 6시까지 깨어있고 다음 날 할 일이 없다면, 다음 중 가장 잘 맞는 항목은 어느 것인가요?

    당직이 끝나기 전까지 잠을 자지 않을 것이다 ☐

    당직 전에 쪽잠을 자고 당직이 끝난 후에 수면을 취할 것이다 ☐

    당직 전에 적당히 수면을 취하고 당직이 끝난 후에 쪽잠을 잘 것이다 ☐

    당직 전에 수면을 충분히 취할 것이다 ☐

15. 2시간 동안 육체적으로 힘든 일을 하는 경우, 자유롭게 시간을 선택한다면 다음 중 그 일을 하기에 가장 좋은 시간은 언제인가요?

    오전 8:00 - 10:00 ☐   오전 11:00 - 오후 1:00 ☐

    오후 3:00 - 5:00 ☐   오후 7:00 - 9:00 ☐

16. 힘든 운동을 하기로 결정했을 때, 친구가 일주일에 두 번씩 오후 10시~11시에 하자고 제안한다면, 하루 중 가장 좋은 상태와 비교할 때 운동을 얼마나 잘 할 수 있나요?

잘 할 것이다 ☐   보통일 것이다 ☐
어려울 것이다 ☐   매우 어려울 것이다 ☐

17. 일하는 시간을 스스로 선택할 수 있다고 가정해 보세요. 만약 쉬는 시간을 포함해서 5시간 일할 때, 일이 흥미롭고 실적에 따라 돈을 받는다면, 언제 일할 것 같나요?

오전 4:00 - 8:00 사이에 시작하여 5시간 일한다 ☐
오전 8:00 - 9:00 사이에 시작하여 5시간 일한다 ☐
오전 9:00 - 오후 2:00 사이에 시작하여 5시간 일한다 ☐
오후 2:00 - 5:00 사이에 시작하여 5시간 일한다 ☐
오후 5:00 - 오전 4:00 사이에 시작하여 5시간 일한다 ☐

18. 하루 중 언제 리듬이 최고가 된다고 생각하나요?

오전 5:00 - 8:00 사이 ☐   오전 8:00 - 10:00 사이 ☐
오전 10:00 - 오후 5:00 사이 ☐   오후 5:00 - 10:00 사이 ☐
오후 10:00 - 오전 5:00 사이 ☐

19. 사람을 아침형과 저녁형으로 나눈다고 하면, 자신을 다음 중 어떤 형이라고 생각하나요?

확실히 아침형이다 ☐   저녁형 보다는 아침형에 가깝다 ☐
아침형 보다는 저녁형에 가깝다 ☐   확실히 저녁형이다 ☐

아침형-저녁형 설문 (MEQ-K) 답안지 및 채점표

- 각 문항에 대한 답을 본 답안지에 옮겨 표시하세요.
- 답을 표시한 박스 옆 숫자를 모두 더하여 총점을 구하세요.
- 점수 기준에 따라 본인의 일주기유형(chronotype)을 확인하세요.

1.
☐5 ☐4
☐3 ☐2
☐1

2.
☐5 ☐4
☐3 ☐2
☐1

3.
☐4 ☐3
☐2 ☐1

4.
☐1 ☐2
☐3 ☐4

5.
☐1 ☐2
☐3 ☐4

6.
☐1 ☐2
☐3 ☐4

7.
☐1 ☐2
☐3 ☐4

8.
☐4
☐3
☐2
☐1

9.
☐4 ☐3
☐2 ☐1

10.
☐5 ☐4
☐3 ☐2
☐1

11.
☐6 ☐4
☐2 ☐0

12.
☐0 ☐2
☐3 ☐5

13.
☐4
☐3
☐2
☐1

14.
☐1
☐2
☐3
☐4

15.
☐4 ☐3
☐2 ☐1

16.
☐1 ☐2
☐3 ☐4

17.
☐5
☐4
☐3
☐2
☐1

18.
☐5 ☐4
☐3 ☐2
☐1

19.
☐6 ☐4
☐2 ☐0

총점

_____

Extreme Morning Type	극심한 아침형	70 - 86
Moderate Morning Type	보통 아침형	59 - 69
Neither Type	중간형	42 - 58
Moderate Evening Type	보통 저녁형	31 - 41
Extreme Evening Type	극심한 저녁형	16 - 30

나의 일주기유형

_____

현대인을 위한 자장가

<SLEEP>은 수면 과학을 바탕으로 작곡가 막스 리히터(Max Richter)가 만든 8.5시간짜리 앨범이다. 여덟 시간 동안 진행되는 <SLEEP> 콘서트는 사람들이 딱딱한 좌석이 아닌 포근한 이불과 베개가 있는 침대에서 감상할 수 있다. 안대를 하고 누워 자면서 들을 수도 있다.

사람들은 잠에서 깨어나 떠오르는 해를 담으려 휴대폰을 집어 들었다. 한 커플이 서로 입을 맞추며 아침 인사를 나눴다. 마치 100명의 낯선 사람들로 둘러싸인 게 아닌, 집에 있었던 것처럼.

- 뉴욕 타임즈

<SLEEP> 콘서트의 후기를 읽으며, 그간 경험했던 클래식 음악 공연을 떠올리게 되었다. 불편한 좌석에서 옴짝달싹 못 하고 꼿꼿이 앉아 듣는 게 보통 어려운 일이 아니었다. 어느새 고개를 끄덕이며 조는 나 자신을 발견하고 혹시 누가 봤을까 부끄러웠다.

©Mike Terry, courtesy of Studio Richter Mahr

수면 챕터를 쓰면서 권위자의 경고나 계몽 투가 아닌, 곁에서 함께 고민하고 보듬고 싶은 마음을 어떻게 글과 그림으로 표현할지 오랜 시간 고민했다. 그 과정에서 막스 리히터의 작업은 반갑고도 감동적인 영감이 되어 주었다. 어지럽게 부유하는 날에 <SLEEP>과 같은 음악이 당신의 몸과 마음을 잔잔히 쓸어줄 수 있기를 바란다.

바쁜 삶의 소용돌이.
너무 빠르고, 시간이 부족합니다.
제 아이들이 어디서 쉼을 찾을 수 있을지 생각하곤 합니다.
이들이 조그만 아기였을 때 오롯이 존재했던 시간,
두 팔 벌려 세상을 믿었던 순간들.
아이들을 달래줄 무언가를 쓰고 싶었습니다.

<SLEEP>은 지쳐버린 세상을 위한 제 개인적인 자장가입니다.
더 느린 존재의 속도를 위한 선언입니다.

이 음악은 밤에 듣기 위해 만들어진 작품입니다.
사람들이 들으며 잠들 수 있으면 좋겠습니다.

이 프로젝트는 음악이 의식과 상호작용하는 방법에 대한 탐구이기도 합니다. 깨어 있는 상태 말고도 음악과 의식이 상호작용할 수 있는 방법이 있을까요?

우리는 음악의 공동체를 잃어버렸습니다.
청중은 줄어들고 있습니다.
음악은 진실로 함께 나누는 창조적인 공간으로서 역할 할 수 있을까요?

클래식 음악계의 공연 관습에 대해 계속해서 호기심을 갖고 질문합니다. 우리가 어떤 음악을 어떻게 감상해야 하는지 규정하는 경직된 규칙에 대해서요.

<SLEEP>은 제 의도가 다분히 담긴 정치적 발언입니다.

- 막스 리히터 Max Richter

90분 집중의 멜로디

하루는 노래와 같다.

노래를 구성하는 모든 순간은 똑같은 무게를 지니지 않는다. 주목을 끄는 메인 구간이 있고, 이를 향해 가는 전조, 후에 하강 곡선을 타는 구간, 혹은 중간에 흐름을 확 바꾸는 구간이 있을 수도 있다. 하루도 마찬가지다. 모든 '한 시간'이 평등하지 않다. 때에 따라 무슨 수를 쓰든 지켜야 할 시간일 수도, 가볍게 흘려주는 시간일 수도 있다.

하이라이트 구간은 노래마다 달라진다. 코러스보다 처음 깔리는 악기 인트로가 예술인 곡도 있고, 적절한 강약 조절로 끌고 가다가 끝에서 빵 터뜨리는 곡도 있다. 우리 하루도 마찬가지다. 단 한 번도 똑같은 곡을 반복하는 날이 없다. 매일 다른 속도, 악센트, 멜로디, 가사 등으로 새롭게 쓰인다.

'오늘'이라는 곡의 하이라이트 구간은 언제, 어떻게 펼쳐질까. 하루 중 가장 높은 에너지와 몰입을 부르는 '집중 구간'에 대해 살펴보자.

90분 초일주기리듬과 집중

집중 구간은 최적의 집중이 필요한 작업과 학습을 위한 시간이다. 새로운 것을 배우거나 문제를 해결하는 정신적, 육체적 활동 모두 해당된다. 신경과학을 공부하는 시간, 다친 몸과 마음을 재활하는 수련, 새로운 패턴의 옷 짓기를 예로 들 수 있다.

몸은 24시간 일주기리듬과 긴밀히 상호작용하는 90분 초일주기리듬을 탄다. 하루에 한 번을 초과해서 여러 번 일어난다는 뜻의 초일주기리듬은 대표적으로 수면에서 나타난다.* 깨어 있는 동안에도 코르티솔, 인슐린, 성장 호르몬 등이 비슷한 리듬으로 변화하는 걸 관찰할 수 있다. 집중 구간은 '스트레스 호르몬'으로 불리는 코르티솔의 약 90분 흐름과 함께 요동친다. 코르티솔이 활발히 분비되는 시간에 몸의 각성도와 집중력도 상승하고, 코르티솔이 줄어드는 구간에 작업의 몰입도도 함께 하강한다.

*p. 44에서 수면의 리듬에 대해 다시 살펴볼 수 있다.

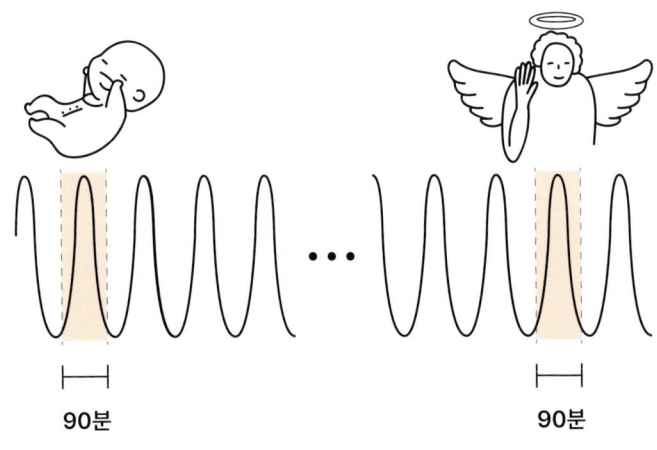

몸은 태어나서 죽을 때까지 다양한 리듬을 타는데
그 중 하나가 약 90분의 초일주기리듬이다.

코르티솔은 잠에서 깨어날 즈음 상승하여 일어난 지 약 1시간 이내에 정점을 찍는다. 아침을 여는 수탉의 울음과도 같다. 앞서 살펴봤듯이 햇살과 움직임은 코르티솔 분비를 더욱 촉진하여 에너지를 올리고 정신을 맑게 한다. 이때가 집중 구간을 열기 좋은 첫 번째 기회다. 물론 수면의 질과 양, 스트레스 지수, 생활 패턴 등에 따라 개인마다 집중 구간의 타이밍은 다를 수 있다. 중요한 작업을 일과 어디에 배치할지, 급하고 자잘한 업무가 중요한 일의 자리를 밀쳐내는 일상을 어떻게 바꿀지 고민한다면, 내면의 수탉이 우는 타이밍을 눈여겨보자. 이메일, SNS 등의 외부 소음이 아닌, 내면의 멜로디로 아침을 채우는 일과는 하루 전체에 큰 힘을 실어줄 것이다.

집중 구간의 세 단계

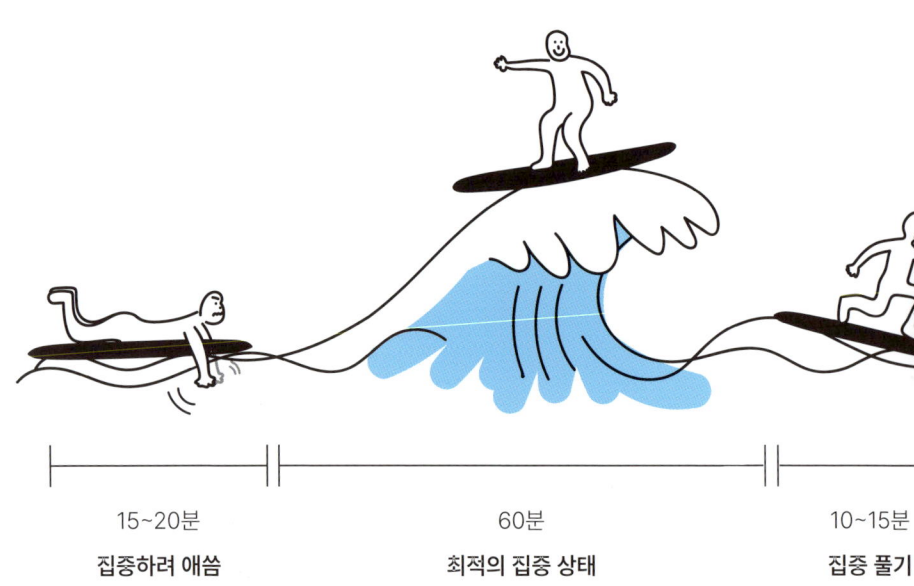

15~20분
집중하려 애씀

60분
최적의 집중 상태

10~15분
집중 풀기

집중 구간은 90분 내내 몰입하는 상태가 아니다. 집중 물살은 상상 속에서처럼 부드럽게 흐르지 않는다. 15~20분 정도 잘되지 않아도 집중하려고 애쓰는 예열 구간을 거쳐야 한다. 예열이 잘되면 1시간 정도 몰입하는 흐름을 탈 수 있다. 그 후 몰입도가 서서히 떨어지며 집중 모드에서 나오는 과정을 겪는다. 순수 몰입이 가능한 시간은 한 번에 60분 정도가 생물학적 한계임을 염두에 두자.

집중 물살을 타는 지혜

오늘 아침 따라 일이 잘 안 잡히고 붕 뜨는 시간을 보냈다 해도 낙담하기엔 이르다. 오후에 탈 수 있는 두 번째 집중 물살이 있다. 생체리듬은 늦은 오후를 향해 갈수록 체력도 집중력도 떨어지는 하강 곡선을 탄다. 식곤증이라 여길 수도 있지만 - 물론 점심을 많이 먹으면 두뇌보다 위장에 혈류량이 몰려 피곤해질 수 있다 - 식사를 걸렀다 해도 경험할 수 있는 자연스러운 하강 구간이다.

이때 카페인을 추가로 섭취하는 등 억지로 각성도를 높이려는 습관은 오히려 하루 후반부 리듬을 교란하며 밤과 다음 날에 타격을 준다. 피로를 자극 물질로 덮으려다 만성 피로와 자극 중독의 악순환에 빠질 수 있다. 집중 물살은 이른 오후든 저녁이든 다시 찾아올 수 있으니 조바심 낼 필요 없다. 물 들어올 때를 기다리며 에너지 사용을 효율화하자. 낮잠, 산책과 같은 적극적 쉼*이 가장 좋고, 큰 인지적 비용이 들지 않는 업무들을 처리하는 시간을 가져도 좋다.

*생산성을 지탱하는 적극적 쉼에 대해 p. 116에서 다룬다.

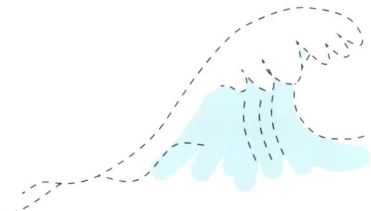

하루에 집중 물살을 한두 번 탈 수 있다면 매우 좋다.
깨어 있는 시간 내내 최상의 집중 환경이 조성된다면,
서너 번을 타는 기적도 만들 수 있다.

최대 90분의 집중 물살은 30분에서 4시간 간격을
두고 언제든 찾아올 수 있다. 다음 물살까지 조바심
내지 않고 충분히 쉬어 주자.

중요한 건 더 할 수 있을 것 같아도 90분 이상으로 밀어붙이지 않는 지혜다. 연료가 얼마 안 남은 상태로 계속 쓰면 엔진의 수명이 줄듯이, 욕심을 부리고 미래의 에너지를 끌어다 쓰면 갑자기 침몰할 수 있다. 그런데도 계속 일을 해야 하는 상황이 생기기도 한다. 정답은 없다. 다음 날, 그 다음날 바닥에 가라앉는 몸을 질타 없이 보듬어주고 필요한 돌봄의 시간을 내어주기만 한다면, 지금 상황에서 그 선택이 최선의 답이 될 수도 있다.

집중 물살은 수면, 식사, 운동, 스트레스 등 여러 요소에 민감하다. 주기도 언제든 변할 수 있다. 변화하는 상황에 따라 나를 잘 지탱할 수 있는 생활 패턴을 실험하는 게 필요하다. 다양한 실험 속에서 시행착오를 겪으며 나를 알아가는 과정은 큰 자산이 된다. 오늘은 실패한 것 같아 후회가 밀려온다면, '삶'이라는 큰 렌즈로 바라보며 경험적 지혜가 착착 쌓여가는 과정임을 상기시켜 주길 바란다. '이제라도 알아서 다행이다'라는 생각 회로는 후회와 상심으로 뺏길 에너지를 성장의 동력으로 전환하는 강력한 힘이 된다.

생산적 하루의 재정의

 신경과학이 90분 초일주기리듬을 밝혀내기 훨씬 전에, 직접 경험을 통해 90분 집중 리듬을 깨닫고 작업에 반영한 이들이 있었다. 대표적으로 생물학의 패러다임을 바꾼 찰스 다윈이 있다. 다윈은 진화론 연구에 열중하는 동안 하루 두 번의 90분, 한 번의 1시간 흐름으로 작업했다고 한다. 문학계를 흔들었던 버지니아 울프, 찰스 디킨스도 하루 4시간 작업에 몰두하는 스케줄을 따랐다고 한다. 역사적 우연의 반복은 결국 과학적 필연이었던 것이다.

 시간의 리듬과 에너지 곡선을 간과하고 모든 시간을 동일하게 관리하려는 접근은 '생체리듬'이라는 생물학적 현실에 부딪힐 수밖에 없다. 생산성 담론은 '시간 관리'에서 '에너지 관리'로의 패러다임 전환을 거치고 있다. 자연스러운 에너지 곡선과 90분 집중 리듬을 따라 탄력적으로 일한다면, 항상 각성해 있어야 한다는 강박과 불필요한 자책에 쓰는 에너지는 줄이고, 우선순위가 높은 업무에 효율적으로 집중할 수 있다.

 모든 시간을 통제하고자 하는 기존 계획법의 대안으

로 『4000시간 : 당신에게 주어진 유한한 시간』의 저자 올리버 버크만$^{Oliver\ Burkeman}$의 '3-3-3 계획법'을 추천한다. 개인뿐만 아니라 조직 차원의 업무 계획에도 매우 효과적이다. 3-3-3 계획을 발판 삼아, 아무리 많은 일을 해도 부족한 하루를 만드는 시스템에 안녕을 고하는 계기를 만들 수 있길 바란다.

생산적 하루를 정의하는 3-3-3 플랜

중요한 작업 3시간

예) 사업 지원서 초안 작성 (90분)
책 표지 레퍼런스 수집 & PPT로 정리 (90분)

Important

*기획, 리서치 같은 추상적 용어보다 손으로 잡을 수 있는 명확한 결과물(문서, 리스트 등)로 작성

급하거나 짧은 작업 3가지

예) 활동 증빙 서류 발송, 워크샵 공간 대관 문의

Shorter Tasks

생활 유지 활동 3가지

예) 반려견 송이와 산책, 빨래, 형광등 교체

Maintenance

집중의 역동을 지키는 방법

 집중한다는 것은 몸의 에너지를 모아 원하는 곳으로 잘 흐르게 하는 일이다. 집중의 과정은 결코 정적이지 않다. 자극에 취약한 의식이 어디로 흐르는지, 새는지, 흩어지는지 집요하게 살피고, 원하는 방향으로 끊임없이 데려와야 한다. 자전거 탈 때처럼 실시간 조율과 균형 잡기가 필요하다. 수시로 풀리는 집중을 의도적으로 되잡는 과정을 반복해야 한다. 집중은 노력하면 할수록 실력이 느는 기술이면서도, 항상 섬세하게 살펴야 하는 과정이다. '산만하게 그러면 안 되지, 집중!'과 같은 질책으로는 사방으로 통통 튀는 의식을 붙잡기도,

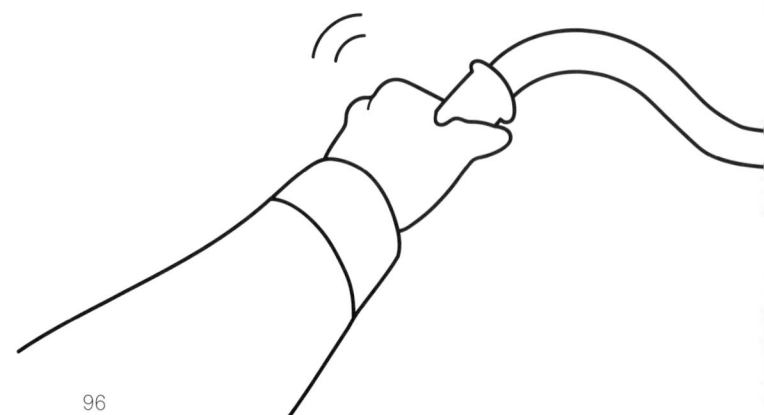

유인하기도 어렵다. 이리저리 뛰어다니는 아이를 '이리 와!' 소리친다고 오게 할 수 없는 것과 같다. 집중한다고 계속 앉아 버티는 등 똑같은 방법만 고수한다면 실패할 수밖에 없다. 창의적인 작업을 할 때는 더욱 그렇다. 언제, 어떤 환경에서, 얼마나 집중할 수 있는지 여러 실험을 통해 나만의 데이터를 갖추는 게 필요하다. 그 데이터를 바탕으로 삶의 변수에 유연하게 대처하며 집중 구간을 지켜낼 수 있을 것이다. 집중 구간을 역동적으로 지켜내는 데 도움을 주는 방법들을 시각, 청각, 움직임의 관점에서 살펴보자.

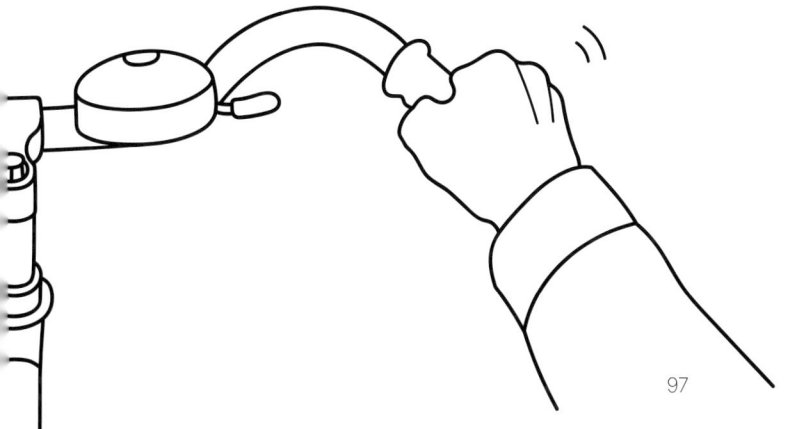

집중을 부르는 환경

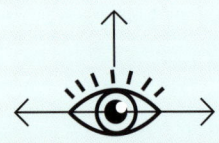

시선의 폭, 높이, 각도 조절

최대 90분 흐름

음악 또는 정적을 타고

산책 및 움직임

깜빡한 스마트폰

p. 154 참고

낮잠

집중을 부르는 시선

집중을 부르는 초점

의식을 의도하는 방향으로 가져가려면, 먼저 가고자 하는 곳을 명확히 바라봐야 한다. 정신적 집중은 시각적 집중을 따른다. 영어로는 시각의 집중인 '초점'과 정신의 집중인 '몰입' 모두 'focus'라 하기에, 더 직관적으로 이해할 수 있다.

mental **FOCUS** —follows→ visual **FOCUS**

초점과 몰입의 관계는 시신경계와 두뇌의 긴밀한 상호작용에 기반한다. 사실, 눈은 뇌가 확장된 기관이다. 안구 뒤쪽을 감싸는 망막은 그 자체로 뇌세포이며 중추신경계의 일부다. 빛을 전자기 신호로 전환하여 시각뿐만 아니라, 각성, 졸림, 통증 등의 다양한 작용을 조율한다. 즉, 눈을 '튀어나온 뇌'라 이해할 수 있다.

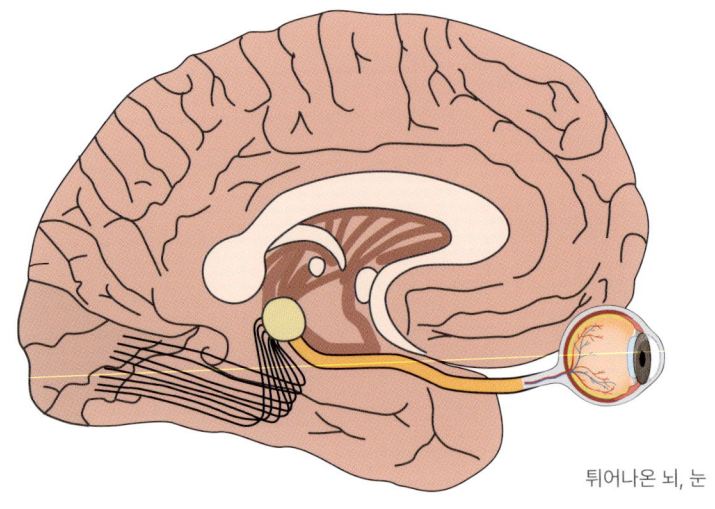

튀어나온 뇌, 눈

구체적인 지점을 선명하게 볼 때, 초점을 맞추는 눈의 움직임^{vergence eye movements}은 각성과 집중, 인지와 사고를 촉진하는 신경 네트워크를 활성화한다. 따라서 집중이 어려울 때는 시야가 분산되지 않고 두 눈 사이로 좁혀지는 환경이 필요하다. 예컨대 얼굴만 한 넓이의 화면, 노트, 자료*를 활용하는 것이다.

*전자기기의 화면보다는 직접적으로 감각할 수 있는 인쇄물로 자료를 보는 게 집중이 더 잘된다는 연구가 있다.

반면 오픈형 사무실에서는 집중하기 어려울 수 있다. 시야가 트여있어 눈치는 보이고 상호작용은 쉬워지는

데, 이는 작업 흐름을 더 자주 끊으며 생산성을 저하할 수 있다. 공간을 바꿀 수 없다면 차안대처럼 후드나 모자를 쓰고 작업하는 게 도움이 될 수도 있다.

이 책을 디자인할 때, 집중을 돕는 시야의 폭에 맞춰 문단 넓이를 설정했다.

초점과 집중의 한계

초점을 모으는 행위는 집중을 촉진할 수 있어도, 집중을 지속시키는 데에는 한계가 있다. 근거리 초점을 유지하기 위해서는 눈의 구조를 변형시킨 채로 계속 있어야 하므로 에너지가 많이 든다.

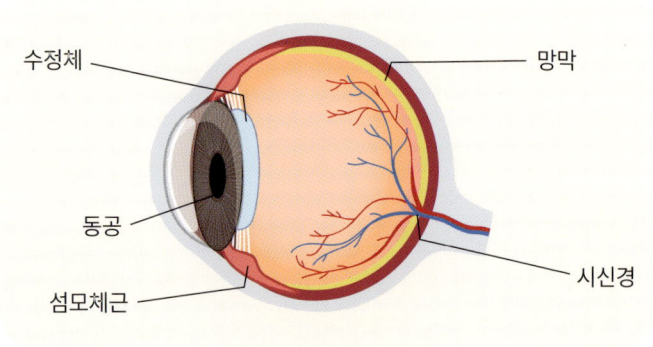

근거리 초점 때는 수정체가 볼록해질 수 있게 '섬모체근ciliary muscles'이라 불리는 눈알 근육이 수축하는데, 책이나 스크린을 장시간 보면 이 근육들에 피로는 물론 무리가 올 수 있다. 45분 정도 무언가를 뚫어져라 쳐다봤다면, 최소 5분 정도는 초점을 풀고 넓은 풍경을 바라보는 등 시야를 확장해야 한다. 쉰답시고 스마트폰을 들여다보는 습관이 결코 휴식이 될 수 없는 이유다. 물론 스마트폰을 통해 친숙한 것과 연결되는 안정감, 과부하된 머리를 식힐 배출구를 손쉽게 얻을 수 있다. 하지만 그 편리함 때문에 손만 한 화면에 또다시 눈을 가두고 무작정 혹사할 수는 없는 일이다.

근거리 초점을 위해 수정체를 변형시키는 작용

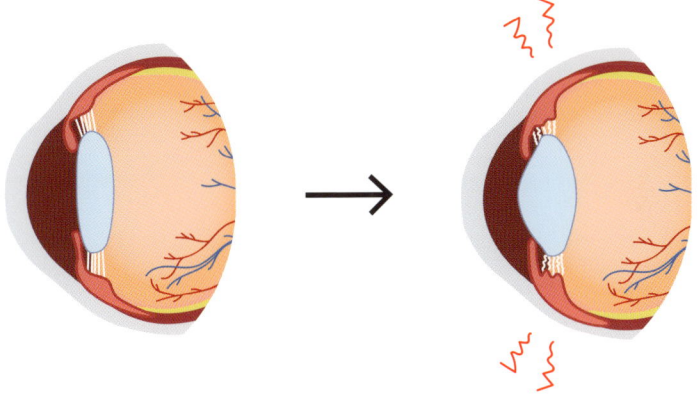

　시신경계는 두뇌와 척추로까지 연결되어 있기에 눈이 쉬지 못하면, 눈 자체의 뻑뻑하고 피로한 느낌 말고도, 두통, 목 통증 같은 증상들로 확장될 수 있다. 안전을 위해 몸이 더 큰 목소리로 휴식을 촉구하는 것이다. 몸을 분절해서 눈 건조증에는 안약, 두통에는 두통약, 목에는 파스 식으로 증상을 각각 따로 억제하려 하면, 과로한 시신경계의 회복이라는 근본 해결책으로부터 멀어질 수밖에 없다.

초점은 양날의 검이다. 단기적으로 집중을 부르지만, 적절한 빈도로 풀어주지 않으면 장기적으로 집중을 포함한 일상 전반의 질을 떨어뜨릴 수 있다. 업무부터 여가까지 수많은 활동이 작은 화면에서 이뤄지는 사회에서, 부단히 애쓰는 시신경과 근육들을 살피는 의도적인 휴식이 필요하다.

파노라마 휴식이 필요할 때

그 휴식의 근본 원리는 초점을 맞추지 않은 채 주변 시야로까지 넓게 바라보는 '파노라마 시야'에 있다. 파노라마 시야로 전환하는 최선의 방법은 야외로 나가 산책을 하는 등 눈을 포함한 몸 전체를 유기적으로 풀어 주는 것이다.

콘크리트 정글에 사는 도시인들은 시야 확보를 위해 걸을 수밖에 없는데, 부산스러운 거리를 나가는 게 장벽이 된다. 소도시나 농촌에 사는 이들은 차로 많이 이동해서 일상에서 걸을 계기를 만들기가 쉽지 않다.

 삶의 맥락과 환경의 조건을 막론하고, 산책의 가장 큰 동력은 반려견 같은 다른 생명이다. 무겁게 덜컹거리는 핸드폰은 잠시 두고, 사랑하는 존재와 홀가분하게 세상을 거니는 경험, 풍경을 통과하며 함께 고요히 현존하는 경험이 차곡차곡 쌓이는 게 중요하다. 홀로 꾸준히 실천하려는 의지보다 건강한 상호 의존의 경험이 삶을 단단하게 지탱해 준다. 그 감사한 세월 덕분에 홀로 휘청거리는 날에도 드넓은 하늘과 풍경을 찾아 나서게 된다.

사고를 바꾸는 천장 높이

작업 환경의 높이도 사고와 업무에 영향을 준다. 천장이 높게 트여있는 환경에서 우리의 생각 또한 높은 곳에서 조명하듯 더 추상적이고, 개념적이며, 창의적인 경향을 보인다. 이런 현상을 '대성당 효과 cathedral effect'라고 부른다. 반면 좁고 낮은 환경에서 사고와 언어는 제한된 시야를 반영하여 더 상세하고 분석적인 경향을 띠게 된다.

새로운 사업을 구상하거나 사업의 중장기 비전을 논의할 때 높게 트여있는 환경을 찾아 나서 보는 건 어떨까. 낮은 천장에 가로막혀 있던 생각들이 피어나는 계기가 될 수 있다. 논의나 작업을 디자인할 때, 어떤 환경이 활동의 의도와 성격을 잘 뒷받침할 수 있을지 호기심을 가지고 실험해 보자. 예상치 못한 영감과 에너지를 얻을 수 있을 것이다. 신경계의 활동은 뇌 안에서만 이루어지는 게 아니라, 타인*부터 자연, 건축까지 몸을 둘러싼 외부 환경과 연결되어 이루어진다는 것을 기억하자.

* 신경계가 어떻게 타인과 맺는 관계를 통해 발달하고 또 변화하는지를 탐구하는 '대인관계 신경생물학 interpersonal neurobiology' 분야도 있다.

깨어 있는 시선의 각도

평소 잘 인지하지 못하지만, 시선의 각도는 집중과 각성에 영향을 미친다. 눈의 움직임, 즉, 눈꺼풀 근육과 안구 근육을 조절하는 뇌간의 신경 세포들이 각성과 졸음을 촉진하는 뇌간의 다른 신경 네트워크와 긴밀히 연결되어 있기 때문이다. 눈이 아래쪽을 향하면 뇌간에서 진정과 졸음을 촉진하는 신경망을 활성화한다. 안정되고 이완된 상태에서 시선이 살짝 아래로 향해 있는 이유다. 반대로 시선이 눈높이, 혹은 그보다 높은 곳을 향하면, 각성을 촉진하는 회로가 활성화된다.

노트북을 책상에 두고 아래로 쳐다보며 업무를 하는 경우가 많다. 각성도와 집중력을 높게 유지하고 싶다면 자료나 화면을 눈높이, 혹은 그보다 살짝 높게 세팅하는 것이 좋다. 반대로 카페인이나 긴장 상황으로 마음이 들떠 있어 집중이 잘 되지 않는다면, 바라보는 물체를 눈보다 아래쪽으로 가져오는 게 도움이 될 수 있다. 처음에는 의식하지 못해도, 시선이 정신에 큰 영향을 미치고 있음을 점차 인지하게 될 것이다.

이동이 잦은 업무 환경이라면 가볍고 높은 노트북 거치대, 혹은 책, 발 받침 같은 일상 물건들로 화면의 높이를 확보할 수 있다. 몸의 관점으로 주변 환경을 바라보고 활용하는 창의성이 건강과 지속가능성의 핵심이다.

아무리 '인체공학적'인 디자인도 눈, 척추, 어깨 등이 받는 장시간 압력을 풀어 줄 수 없다. 수시로 일어나 몸의 부담을 털어내는 움직임 같은 적극적 휴식만이 통증을 예방하고 완화할 수 있다.

집중을 부르는 사운드

음악에는 듣는 이를 단숨에 다른 시공간으로 데려가는 힘이 있다. 어지러운 환경 속에서 에너지가 과도하게 새는 날에도, 사고가 탁 막히는 것 같아 괴로운 날에도, 어딘가로 훌쩍 떠날 수 없어 답답한 날에도, 음악과 함께라면 하늘은 물론 우주 끝까지 날아갈 수 있다.

몸이 시시각각 변화하듯이, 집중에 도움이 되는 소리도 때에 따라 달라진다. 고요함이 필요할 때가 있고, 카페의 적절한 소음이 도움이 될 때가 있고, 물, 바람, 새 등 자연의 소리만 괜찮을 때가 있다. 1분 전만 해도 힘을 주었던 음악이 갑자기 집중을 방해하기도 한다.

집중을 예열하는 단계, 완전히 몰입하는 단계, 집중이 풀리는 단계 중 어떤 흐름에서 어디까지 음악이 필요한지도 매번 다를 수 있다. 예열 단계에서만 음악을 듣고 집중이 되기 시작하면 끌 수도 있고, 작업의 피로를 환기하고 싶을 때 음악을 틀 수도 있다.

화이트, 브라운 노이즈부터 양쪽 귀에 각각 다른 주파수의 신호음을 보내 특정 뇌파를 촉진하는 바이노럴 비트 binaural beats까지, 집중에 도움을 준다는 소리는 많다. 그러나 여느 생물학적 기제와 마찬가지로 소리가 개인에 미치는 영향은 천지차이이며, 같은 사람도 상황에 따라 다르게 영향을 받을 수 있다.

음악은 얼마든지 다양하고 유연하게 쓰일 수 있다. 음악을 경험하는 폭과 깊이가 커질수록, 삶의 여러 맥락에서 음악으로부터 힘과 영감을 얻는 순간이 많아질 것이다. 음악의 지평을 넓히는 즐거운 계기가 되길 바라며, 이 책 작업에 훌륭한 파트너가 되어 준 음악들을 소개한다.

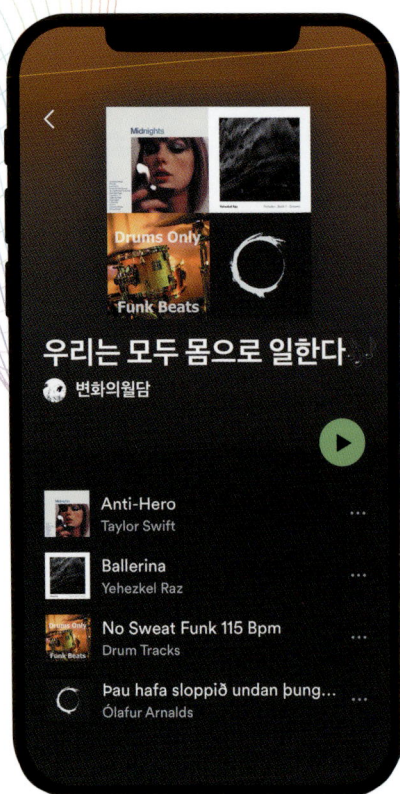

이 책을 쓰고 그리며
들은 노래들을 담은
플레이리스트

몸의 움직임과 생산성

진실로 훌륭한 생각들은 산책으로 만들어진다.

- 프리드리히 니체 Friedrich Nietzsche

 업무든, 창작이든, 회의든 일단 앉아서 하는 것이 기본값일 때가 많다. 그러나 사회에서 훈련받은 것과 달리, 앉아 있어야 집중할 수 있는 건 아니다. 고정된 자세는 사고를 고이게 하고, 몸의 구조를 무너뜨린다. 앉아 있는 시간이 길어질수록 주의력과 에너지는 떨어지기 마련이다. 사고가 정체될 때는 언제든 관성을 깨고 나올 수 있는 움직임의 감각이 필요하다. 몸은 생각보다 역동적으로 사고한다.

 아이디어 생성, 유연한 사고력 등을 필요로 하는 인지 활동에 있어 자세의 영향을 비교하는 연구들은 이미 많이 축적되어 있다. 2010년대부터 앉기의 비효율성을 폭로하고, 적절한 서기나 걷기, 혹은 둘을 조합했을 때의 효과를 입증하는 연구들이 활발히 발표되자, '서서 하는 회의 stand-up meeting'나 '산책 회의 walking meeting'가 일터에서 적극적으로 실험되기 시작했다. 애플, 페이

스북 등의 기업에서 산책을 하며 채용 인터뷰나 임원진 회의를 하는 사례가 주목을 받기도 했다. 일을 앉아서 해야 한다는 고정관념은 흔들 수 없는 규범이 아니다. 반짝거리는 논의로 가득 찬 생산적이고 효율적인 회의를 디자인하고 싶다면, 더더욱 의자에 구속되지 않고 자유롭게 움직일 수 있는 환경을 조성해야 한다.

 특히 자연과 맞닿아 움직이는 것은 창의력 촉진에 큰 도움이 된다. 졸졸 흐르는 물, 흔들리는 나무, 흘러가는 구름 등 편안하게 움직이는 자연이 - 자연 속에서 수만 년 살아온 우리에게 - 긍정적인 감정을 일으키고 창의력을 자극한다는 사실은 놀랍지 않다. 자연을 통과하는 기차 안에만 있어도 영감과 새로운 생각이 새록새록 피어난다.

 무작정 앉아 있는 것이 능사가 아니다. 엉덩이가 무거워야 한다고 주입받은 생각을 매일 깨고 나와야 한다. 언제든 늘어지는 작업과 회의를 자각하고 전환을 꾀하는 결단이 필요하다. 중력과 시간의 압력 속에서 경직된 몸과 정신을 수시로 털어낼 수 있는 문화가 자리잡

히길 바란다. 일의 생산성은 무거운 엉덩이가 아니라, 갇혀있지 않은 몸에서 시작된다.

일상을 지탱하는 움직임

일에 온 정신을 쏟을 때는 몸을 조금 잊을 수밖에 없다. 그 어떤 '바른 자세'도 경직된 몸을 구할 수 없다. 자세에 대한 강박은 몸을 감시하고, 통제하며, 질책하게 한다. 자세를 유지하는 관점보다, 자세를 깨고 나올 수 있는 자유로움이 더 필요하다. 언제든 몸의 느낌을 알아차리고 몸이 필요로 하는 움직임으로 응답하는, 즉 몸과 대화하는 관계를 쌓는 게 중요하다.

몸을 살리는 교육과 조직을 만드는 수년의 시간 동안, 변화의월담의 일상을 꾸준히 지탱했던 간단하고도 강력한 움직임들을 소개한다. 골목, 화장실, 지하철 역사, 어디든 두 발 딛고 팔을 뻗을 수 있는 작은 공간만 허락된다면, 수시로 실험해 볼 수 있다.

움직임을 통해 집중하고 싶을 때, 환기가 필요할 때, 언제든 회복과 전환을 이룰 수 있다. 아무것도 없이 오로지 내 몸 하나로 말이다. 상황이 허락하는 대로, 몸이 원하는 만큼 스스로에게 '적극적 쉼'의 시간을 선물해 주자. 1분이든 10분이든, 쉼을 연습하는 모든 순간이 값지다.

동작을 잘하려고 하기보다, 동작을 통해 몸을 느끼는 과정을 온전히 음미하면 좋겠다. 세밀하고도 입체적인 몸의 구조를 느끼는 흥미와 기쁨이 충분히 쌓이기도 전에, 조급하게 움직임 습관을 들이려 하지 않기를 바란다. 자신을 감각하는 즐거움보다 머리의 명령이 앞서면 호기심을 잃게 될 수 있다. 호기심은 지속가능성의 핵심 동력이다.

잠깐이라도 충분하니 언제든 돌봄을 선물하는 마음으로 혼자 또 함께 움직이는 순간들을 늘려가자. 몸이 동하는 경험이 차곡차곡 쌓이다 보면, 규칙적으로 연습하지 않더라도 어느새 움직임이 일상에 자리잡혀 있는 모습을 발견하게 될 것이다.

회전하는 포옹 Rotational Embrace

경직된 몸을 머리부터 척추, 발끝까지 앞뒤, 양옆으로 짜고 으깨는 움직임이다. 몸을 회전하며 나 자신을 가볍게 안아주듯 툭툭 쳐 주는 이 동작은 일하는 일상을 완전히 바꿔놓았다.

회전하는 포옹을 통해 몸의 경직을 수시로 털어내면, 언제 잘 긴장하는지, 어디에 압력이 쌓이는지 스스로 파악할 수 있다. 경직이 통증으로 악화되기 전에 예측하고 예방하는 것이 가능해진다.

1. 두 발을 정면을 향해 나란히 위치시키고, 발가락을 펼쳐 땅을 살포시 미는 힘으로 몸을 위로 확장한다.

2. 머리 꼭대기에 달린 실을 하늘에서 쭉 잡아당겨 준다는 상상으로 척추 마디마디를 0.1mm라도 더 늘려본다.

3. 발바닥에 느껴지는 하중이 뒤꿈치에 60%, 앞발에 40%로 분산될 수 있도록, 머리가 아닌 골반을 앞뒤로 미세하게 움직이며 조정한다.

4. 가슴이나 무릎이 경직되어 있다면 한숨과 함께 살짝 놓아준다.

5. 발을 단단한 닻처럼 고정시킨 채, 시선을 뒤쪽으로 돌리며 전신을 함께 돌려준다.

6. 뒤편의 한 지점을 바라보면서 잠시 머물 때, 무겁게 떨궈져 따라오던 팔이 몸을 감싸며 가볍게 장기를 쳐 준다.

7. 시선을 반대쪽으로 돌려 다시 같은 지점을 바라본다. 몸이 회전할 때 꺼지지 않고 위아래로 잘 확장될 수 있도록, 땅을 딛는 발부터 머리끝까지 나선으로 길게 짠다.

8. 어지럽지 않을 정도의 속도로 회전을 반복하며 굳은 전신을 반죽한다.

스파이널 풀 Spinal Pull

척추는 기둥이 아니다. 26개 정도의 작고 울퉁불퉁한 뼈 사이에 촉촉하고 탱탱한 주머니를 두고 묘한 곡선으로 쌓아 올린 돌탑과 같다. 이 구조가 서 있을 수 있는 이유는 탄력적인 근육과 근막이 랩처럼 뼈 주위를 쫀득하게 감싸고 있기 때문이다.

모든 뼈, 디스크, 인대, 근육은 움직일 수 있다. 중력에 굴복하는 세월이 쌓이면 디스크는 눌리고 근육은 굳는다. 척추 구조가 굽고 찢어질 수도 있다. 스파이널 풀은 척추의 온전한 크기와 탄력성을 회복하기 위해 척추를 앞, 뒤로 확장하는 움직임이다.

1. 회전하는 포옹과 마찬가지로, 꺼진 몸을 오롯이 세우는 서기로 시작한다.

2. 허벅지 옆에서부터 양손으로 천천히 큰 원을 그리며 올라간다. 시야를 확장해 시선이 양손 끝을 따라가게 한다. 머리 앞쪽에서 두 손이 삼각형 모양을 이루며 맞닿는다.

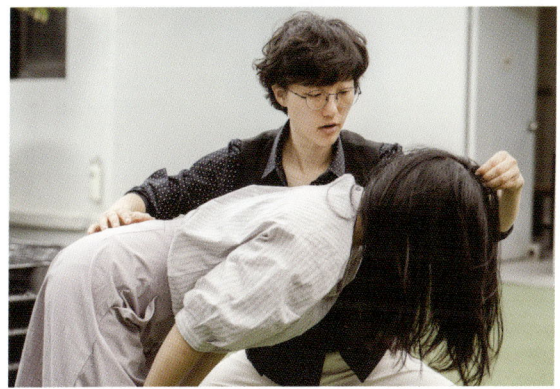

3. 맞닿은 두 검지 사이로 시선을 멀리 보내며, 손과 함께 척추를 앞으로 쭉 뻗어 내려간다. 바닥까지 오면 머리도 떨군다.

4. 이제 머리가 천천히 앞으로 나가며, 엉치뼈부터 뒤통수 끝까지 척추의 뒷면을 쭈욱 펼쳐 준다. 앞으로 뻗어가는 머리와 속도를 맞춰 손은 다리 안쪽을 타고 올라간다.

5. 앞으로 늘어나며 올라온 척추를 계속해서 확장하며 뒤쪽으로도 살짝 보낸다. 이때 두 손을 골반 위에 얹어 척추가 뒤로 확장하는 움직임을 살포시 지지해 준다. 목만 꺾는 것이 아닌, 발뒤꿈치에서부터 머리끝까지 팽팽하게 당겨진 활처럼 전신을 확장한다.

6. 무리해서 몸을 늘리려 하기보다는, 균형을 지탱할 수 있는 70~80% 정도의 가동 범위 안에서 움직이고 서기 자세로 돌아온다. 미세하지만 선명하게 척추가 확장되는 느낌을 찾아, 움직임을 부드럽게 반복한다.

회전하는 스쿼트   Transitional Squat

회전하는 스쿼트는 전신이 돌아가면서 동시에 위아래로 접고 펼쳐지는 동작이다. 단편적으로 몸을 접고 펴는 일반 스쿼트와 달리, 회전하는 압력 속에서 관절과 근육을 더 깊숙이, 입체적으로 재활할 수 있다.

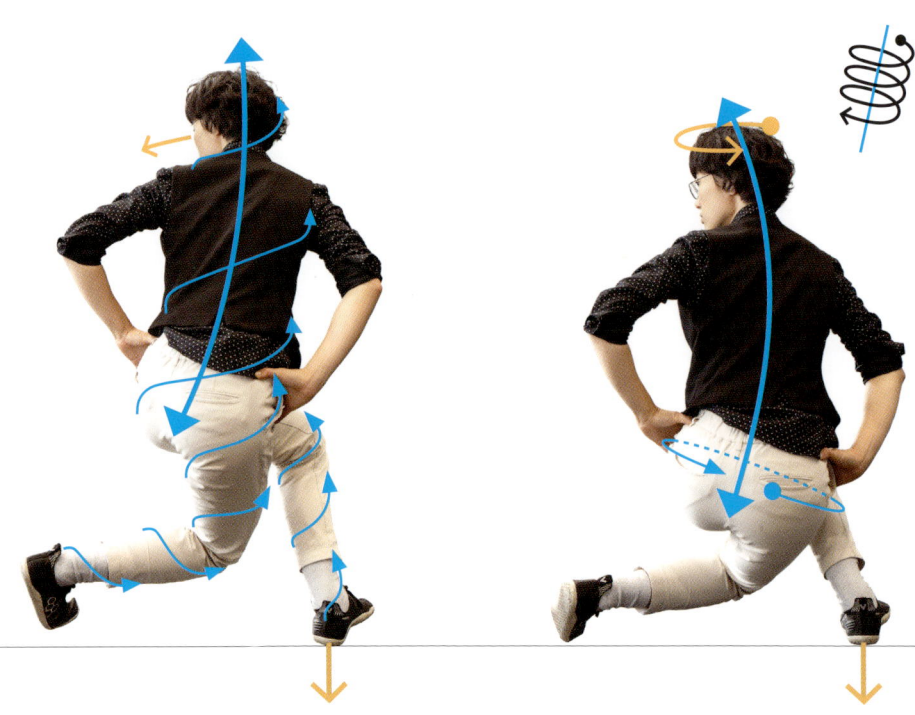

1. 정면으로 보고 선 상태에서 한 발씩 뒤쪽으로 돌아가며 교차된 다리 사이로 서서히 앉는다. 이때 두 발 사이로 무릎만 접혀 돌아가는 게 아니라, 고관절까지 깊이 접어 압력을 분산시켜 주어야 한다.

2. 발부터 시선까지 온몸을 나선으로 감아 앉았으면, 반대로 몸을 풀며 서서히 일어난다. 서기 자세로 돌아오면 반대 방향으로 회전하는 스쿼트를 이어 간다.

섬세하고 입체적인 움직임을 글로 전하는 데에는 한계가 있기에, 이해를 돕는 움직임 영상을 첨부한다.

일상에서 몸을 '원점'으로 리셋하는 회복의 움직임, 일명 '제로폼 Zero Forms'은 변화의월담의 스승 단체인 Fighting Monkey Practice에서 배워 한국에 나누고 있다. 제로폼은 지금도 수백가지로 변형되며 진화를 거듭하고 있다.

생산성을 지탱하는 낮잠

치열하게 집중하고 난 뒤 머릿속이 탁해지고 피로가 훅 몰려올 때가 있다. 뇌 활동이 활발하게 일어나면서 '아데노신'이라는 물질이 축적되기 때문이다. 아데노신은 생소한 화학 물질이 아니다. 혹시 학교 생물 시간에 세포의 에너지는 '아데노신삼인산^{ATP}'이라는 화학물질로 저장된다고 배웠던 걸 기억하는가. 세포가 에너지를 쓸 때 ATP가 분해되면서 부산물로 나오는 물질이 바로 아데노신이다. 뇌세포가 에너지를 많이 쓸수록, 아데노신도 많이 쌓이는 것이다.

아데노신은 우리를 힘들게만 하는 물질은 아니다. 아데노신이 쌓이기 때문에 하루 끝에 노곤하게 잠들 수 있다. 그러나 일과 중간에 힘이 부치면 아데노신의 압력을 살짝 덜고 싶어 지기도 한다. 이때 큰 효과를 발휘하는 쉼의 방법이 바로 낮잠이다. 낮잠은 잠의 축소판과 같아 잠처럼 아데노신을 청소하는 역할을 한다. 일을 무리하게 밀어붙인 뒤 몸과 정신이 흔들릴 때 낮잠을 자면 '이제 좀 살 것 같다' 하는 부활의 느낌을 받을 수 있는 이유다.

낮잠은 피로감을 완화하고 각성도를 증진할 뿐만 아니라, 혈압을 낮추고 학습력, 기억력, 정서 조절 능력을 향상하는 등 수면의 다른 능력들도 발휘할 수 있다. 낮잠의 효과는 80, 90년대부터 활발히 연구되기 시작했다. 연구는 삶과 죽음의 문제가 걸린 상황에서 고도의 인지력을 요구하는 항공 및 우주 비행사 직군에서 이뤄졌다. 조직 차원에서 '낮잠 문화^{nap culture}'를 정립한 NASA는 1995년 놀라운 연구를 발표하는데, 평균 26분 낮잠을 잔 우주 비행사들이 낮잠을 자지 않은 우주 비행사들보다 54% 향상된 각성도, 34% 향상된 업무력을 보였다는 것이다.

낮잠 시간의 고려 요소

낮잠의 효과는 길이와 깊이에 따라 달라질 수 있다. 20~30분 정도의 짧은 낮잠은 주로 얕은 비렘수면 1, 2단계로 구성된다. 피로도 완화, 인지력 향상 등의 효과를 일정 수준 누리면서도, 낮잠 후 피로하고 정신없는 상태, 즉 '수면 관성'이라 부르는 후유증을 덜 느낄 수 있다. 반면 90분 수면 사이클을 최대한 경험하는 긴 낮잠은 깊은 비렘수면과 렘수면 단계에 도달할 수 있어, 신체 회복, 감정 조율, 기억 강화 등의 효과를 높일 수 있다. 그러나 늘어난 시간만큼 수면 관성도 늘어나, 잠에서 헤어 나오는 과정이 더 힘겹고 늘어질 수 있다.

수면 관성을 깨는 과정은 힘겨울 수밖에 없다. 햇살, 찬물 세수나 샤워, 움직임이 충분히 도움을 줄 수 있으니, 카페인*을 찾기 전에 먼저 시도해 보길 바란다. 수면 관성이 심한 편이거나 낮잠 후 바로 소화해야 할 일정이 있다면, 낮잠 직전에 카페인을 섭취하는 전략, 일명 '카페인 낮잠'을 시도해 볼 수도 있다.

*p. 139에서 카페인의 반감기와 적절한 타이밍에 대해 살펴본다.

전날 수면의 양과 질, 빛과 소음 정도 등 상황에 따라, 또 유전자 같은 개인 특성에 따라 효과적인 낮잠의 형태는 다를 수 있다. 20분 낮잠으로 충분할 수도 있고, 1시간 이상의 낮잠이 필요할 수도 있다. 자신에게 맞는 낮잠 패턴을 실험하며 찾아야 한다. 다만, 밤에 잠드는 것을 방해하는 너무 긴 낮잠이나 늦은 오후의 낮잠만큼은 피하도록 하자.

일하는 몸을 지탱하는 쉼

'낮잠 문화'를 발전시킨 NASA뿐만 아니라, 예술, 스포츠, 과학 등 분야를 막론하고 낮잠을 의도적으로 선택하여 놀라운 성과를 일군 사례들이 많다. 이에 따라 낮잠을 일상화하고 조직 문화로 채택하는 시도 또한 늘고 있다. 신체적, 심리적 한계를 밀어붙이는 상황에서도 높은 집중력과 판단력을 발휘하는 멋진 팀워크를 바란다면, 눈치 보지 않고 고요히 누울 수 있는 공간과 문화를 세심하게 조성할 때가 아닐까.

낮잠, 그리고 앞서 살펴본 움직임, 파노라마 시야와 산책처럼, 우리가 평소 억누르고 있는 '업무 외 요소'들이 사실은 업무와 일상을 지탱하는 요소들이라는 걸 잊고 살 때가 많다. 수년, 수십 년 걸려 검증되는 과학 연구를 기다리지 않아도, 몸은 이미 알고 있다. 노동은 노동으로만 지속할 수 없다는 것을.

'노동'이라는 시소의 반대편에는 '적극적 쉼'이 있다. 이 시소가 원활하고 탄력적으로 왔다 갔다 해야 삶의 에너지를 지속할 수 있다. 어린 시절 즐겁게 누렸지만, 지금은 잊어버린 '적극적 쉼'의 요소들이 무엇일지 돌아보고 되살려보는 시도가 필요하다. 햇살을 좋아하고, 낮잠과 놀이를 즐기며 자신만의 방식으로 삶을 누리는 반려동물들을 관찰하는 것도 좋은 영감이 된다. 일과 쉼은 별개가 아니다. 적극적 쉼은 생산적 노동의 필수 요소다. 노동밖에 모르는 사회에서 쉼을 지적으로 탐구하고 몸으로 직접 실험하는 용기가 절실한 때다. 용기가 현실이 되려면 개인의 힘뿐만 아니라 공동의 노력이 반드시 수반되어야 한다.

불협화음

어긋난 리듬의 대가

공간의 질서가 흔들릴 때는 문제를 알아차리기 쉽다. 물건이 어지럽게 배치되어 있으면 정리하면 되고, 무너져 있는 곳이 있으면 다시 세우면 된다. 반면 시간의 차원에서 질서가 무너질 때는 다르다. 시간을 분, 초 단위로 쪼개어 통제할 수 있다는 마인드셋, 지구와 몸의 리듬을 조작할 수 있는 기술이 확산되면서 시간의 질서가 흔들리기 시작했다.

바다에서 일하는 이들은 밀물, 썰물 같은 바다의 리듬을 통제할 수 없기에 그 리듬에 맞춰 일한다. 하지만 해의 리듬은 인공조명을 사용해 너무도 쉽게 무시된다. 생체리듬을 존중하긴커녕 개인에게 체력, 정신력이 부족하다며 누명을 씌우기까지 한다.

생명을 지탱하는 시간의 리듬을 무시하는 일은 당장 눈에 띄지 않아도 몸을 한순간에 무너뜨릴 위험을 수반한다. 생체리듬에 반하는 대표적인 불협화음 요소들을 따로 짚어보고자 하는 이유다.

카페인 플랜이 필요할 때

카페인 추락의 이해

 힘든 아침일수록 몸과 정신을 깨워줄 카페인을 다급히 찾게 된다. 그러나 일어난 지 얼마 안 되어 카페인을 섭취할 경우, 오후에 컨디션이 훅 꺼지는 일이 벌어질 수 있다. 이를 '카페인 추락$^{caffeine\ crash}$'이라 한다. 카페인 추락의 원리는 피로와 졸림을 촉진하는 물질 '아데노신^{adenosine}'과 관련이 있다.

 깨어있는 시간 동안 자연스레 아데노신이 쌓이게 되는데, 아데노신 분자가 아데노신 수용체와 많이 결합할수록, 피곤하고 졸려진다. 그런데 카페인을 섭취하면, 카페인 분자가 아데노신 수용체에 대신 달라붙는 일이 일어난다. 아데노신은 쌓여가지만 수용체와 결합하지 못하기에, 피로감을 느끼지 못하고 각성한 상태를 유지하게 된다. 시간이 지나 카페인은 분해되고, 카페인이 떨어져 나간 수용체에 아데노신이 활발히 붙기 시작하면서 갑자기 늘어난 수용체 결합에 급 피로감을 느끼는 것이다.

오후 서너 시에 접어들면서 - 식사 여부와 큰 관련 없이 찾아오는 - 카페인 추락을 종종 경험했다면, 기상 후 90~120분 정도까지는 카페인 섭취를 피하는 게 좋다. 만약 몸을 깨우기 위해 카페인에만 의존하고 있다면, 부작용 없이 몸을 더 효과적으로 깨울 방법들을 적극적으로 시도하는 게 필요한 때다. 코르티솔, 노르아드레날린 등 체내 각성 물질을 자체 생산하는 햇살 산책과 찬물 샤워*는 자연이 선물하는 최고의 각성제다.

*찬물 샤워는 각성 및 집중력 증진 효과가 가장 오래가는 방법 중 하나다.

햇살 산책　　　찬물 샤워　　　기상 후 카페인 지연

카페인 반감기의 이해

  카페인 추락을 해결하기 위해 오후에 또다시 카페인을 섭취하게 되면, 수면과 다음날에까지 악영향을 끼칠 수 있다. 체내 카페인양이 반으로 줄어드는 시간, '카페인 반감기'가 성인 평균 5~6시간이기 때문이다. 즉 카페인이 ¼로 줄어드는 데까지 약 10~12시간이 걸린다는 의미다. 오후 4시에 커피 한 잔을 마시면, 밤 9시에 커피 반 잔, 또는 새벽 3시에 ¼잔을 마시는 것과 같은 셈이다. 카페인이 충분히 분해되지 못한 채 잠에 들면, 카페인 영향을 직접 느끼지 못한다 해도 잠의

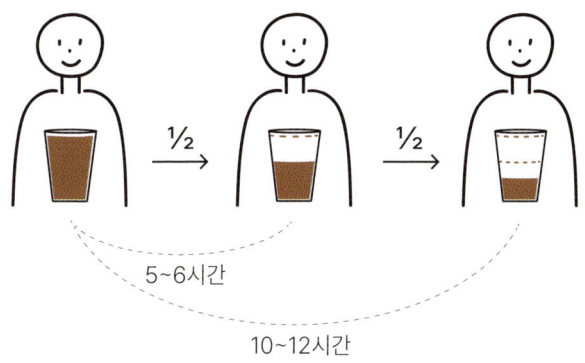

양과 질이 떨어진다. 특히 신체를 회복하는 깊은 수면이 저해되어, 잠을 잤음에도 불구하고 몸이 개운하지 않고 힘겨울 수 있다.

카페인 반감기를 고려하면 마지막 카페인 섭취 시점이 잠들기 최소 10시간 전이어야 양질의 수면을 지킬 수 있다. 하지만 개인마다 카페인 민감도와 분해 속도가 다르고, 운동이나 스트레스 등 어떤 요소와 맞물리는지에 따라 카페인이 다르게 작용하기도 한다. 평소 카페인 섭취량과 시점이 생산성과 수면에 어떤 영향을 주는지 기록하며 나만의 카페인 데이터를 쌓는 것이 좋다. 변하는 몸 상태와 일과 흐름에 맞춰 적절히 카페인을 활용할 수 있는 감각이 생길 것이다.

카페인을 찾는 것에 죄책감을 가질 필요는 없다. 다만 아데노신을 일시적으로 막는 카페인보다, 더욱 근본적으로 몸을 리셋하는 적극적 쉼의 시간이 필요할 수 있음을 기억하자. 낮잠을 통해 아데노신을 청소할 수도 있고, 가벼운 움직임을 통해 도파민, 노르아드레날린 같은 몸의 에너지 물질을 자체 생산할 수도 있다.

쉼의 효과를 안다고 해서 쉼을 자연스럽게 찾고 누릴 수 있는 건 아니다. 쉼을 허락하지 않는 문화가 외부 시스템뿐만 아니라 내면에도 깊이 새겨져 있기 때문이다. 쉼이 선택지가 될 수 있으려면, 쉼의 경험이 몸에 충분히 쌓여야 한다. 늦은 오후 습관적으로 커피를 찾는 동료가 있다면, 밤과 다음 날을 지킬 수 있는 더 나은 방법을 함께 찾아가 볼 수 있길 바란다.

하루를 지키는 카페인 플래너

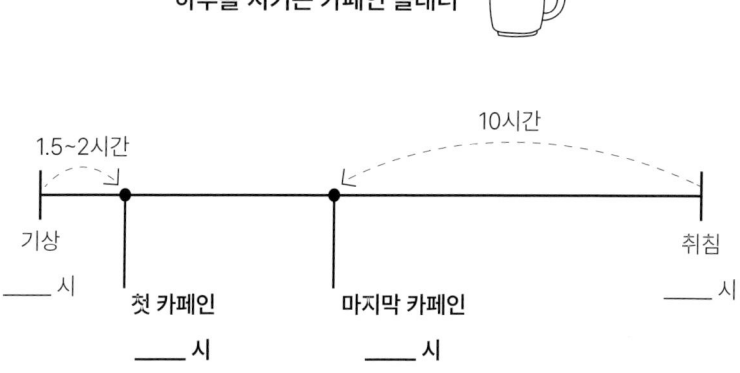

카페인 양과 종류, 몸과 마음 상태, 일조량, 스트레스, 식사, 운동량과 시점 등 함께 기록

멀티태스킹의 허상

쉼 없이 분주하게 살았는데도 제대로 한 게 없는 것 같은 괴로움이 몰려오는 날이 있다. 단순히 노력이 부족해서는 아닐 거다. 우선순위가 높은 작업에 쓰인 에너지보다 여러 일 사이를 분주하게 오가며 쓴 에너지가 더 많아서일지도 모른다.

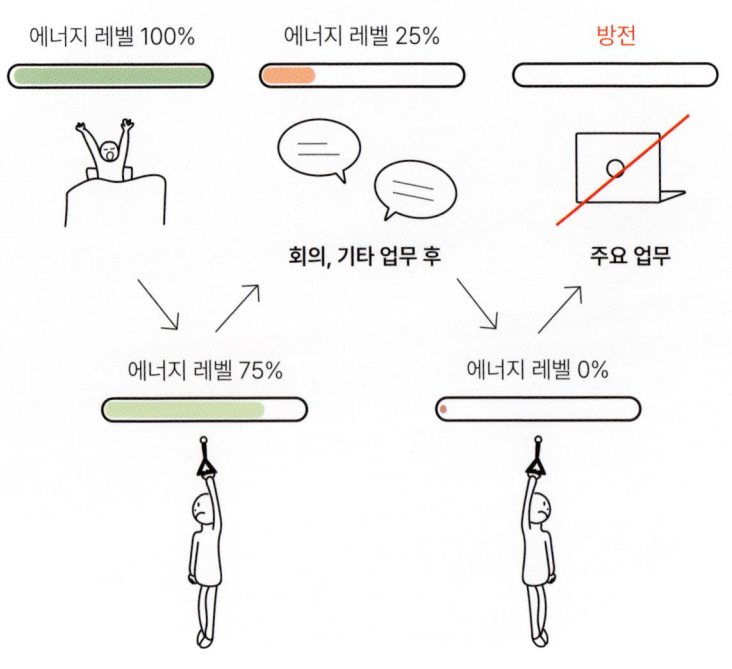

우리의 뇌는 동시에 두 가지 이상의 인지 작업을 처리할 수 없다. 흔히 '멀티태스킹multi-tasking' 한다고 착각하지만, 실제로는 여러 작업 사이를 빠른 속도로 오가는 '태스크 스위칭task-switching', 즉, 작업 전환을 하는 것이다. 예컨대, TV쇼 호스트는 이어폰으로 프로듀서의 지시를 듣고, 게스트와 대화를 나누며, 인터뷰 내용과 분량을 조절하는 일을 동시에 처리하는 게 아니다. 빛의 속도로 정보를 하나씩 하나씩 처리하며 행동에 실시간으로 반영하고 있는 것이다. 엄청난 에너지가 들 수밖에 없다.

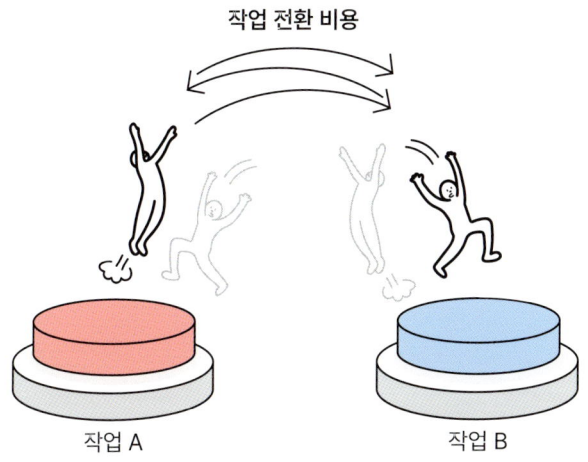

TV 쇼 같은 상황이 아니더라도, 많은 현대인은 일상적인 작업 전환에 익숙해져 있다. 작업 상황을 고려하지 않는 외부 커뮤니케이션이 메신저, 이메일, SNS를 통해 수시로 들어오고, 이에 신속하게 대응하도록 훈련 받기 때문이다. 여러 자극과 작업 사이를 오가며 새는 에너지 때문에 작업 효율과 생산성은 떨어질 수밖에 없다. 운영 및 관리 업무와 기획 및 창작 업무를 겸하는 작업자들이 극심한 피로에 시달리고, 진척되지 않는 작업에 좌절을 겪는 것은 당연하다.

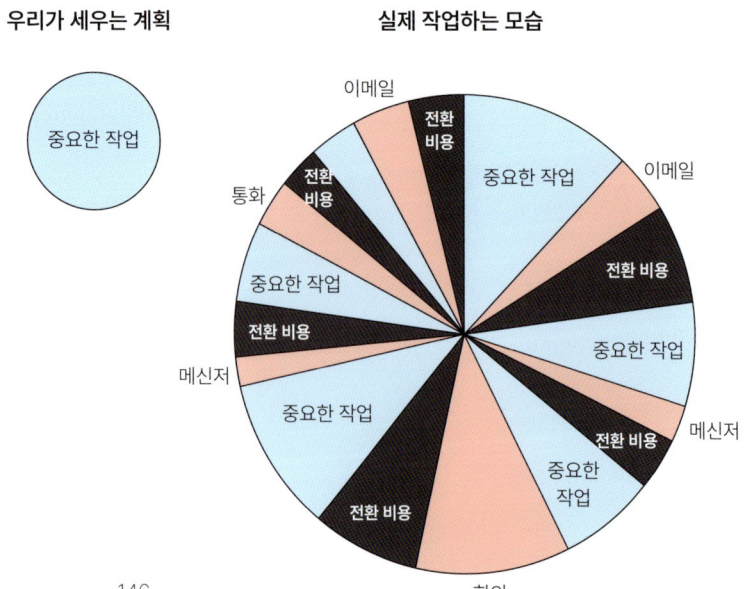

전환 비용을 고려하는 업무

 어마어마한 전환 비용을 간과한 채, 최선을 다한 자신과 팀원을 의심하고 질책하는 것은 곧 번아웃의 위기를 부른다. 불을 꺼뜨리는 건 쉬워도, 다시 피우는 건 훨씬 많은 노력이 든다. 하루에 발휘할 수 있는 에너지양에는 한계가 있다. 온갖 커뮤니케이션 응대와 회의 속에서 작업 전환이 많은 날에는 중요한 작업에 필요한 집중력과 에너지가 떨어질 수밖에 없다.

 시급한 일은 항상 중요한 일을 이긴다. 팀으로 일한다면 서로의 작업 상황을 잘 공유하고 이해하는 것이 미래 갈등과 소진을 막는 방법이다. 몰입해야 하는 일이 있다면 작업 전환을 최대한 줄이고 함께 잘 집중할 수 있는 환경과 작업 방식을 구체적으로 고민해야 한다.

 예컨대, 이메일은 누가, 언제, 몇 번 확인할 건지 합의할 수 있다. 문의 응대가 기대만큼 빠를 수 없음을 안내하는 자동 응답 메시지를 설정할 수도 있다. 빠른 응

답을 기대하는 문화에 부응하지 못했다고 반드시 사과해야 하는 것은 아니다. "회신이 늦어져 죄송하다"보다 "기다려 주어서 감사하다"라고 응답하는 문화가 서로에게 필요하다.

작업 전환에 따른 비용도 업무의 일부다. 우리가 무능력하거나 무책임한 게 아니라, 에너지의 유한함을 모르는 생산성의 허상 속에서 스스로와 타인을 고문하고 있던 건 아닌지 돌아볼 필요가 있다. 무리하게 밀어붙이는 하루 뒤에는 회복에 더 많은 시간을 내어 주어야 한다는 것을 잊지 말자.

전환 비용을 줄이는 업무 환경

문의 응대 시간 설정

자동 응답 메세지 활용

이메일, 메신저 창 닫기

어플 알림 끄기

몰입을 위한 비행기 모드

하루 최소 수십에서 수백 건의 메시지, 이메일, SNS 알림이 울린다. 이로부터 자유로울 수 있는 거의 유일한 시간은 비행기를 탈 때다. 네트워크 연결이 차단되는 특수한 상황이 되어야만 외부 자극과 요청에 반응하지 않는 것이 허용되는 현실이다. 이 시대 가장 강력한 생산성 앱은 '비행기 모드'라 여겨지는 시점까지 왔다.

기획, 제작 등 창의적인 작업을 하는 이에게는 방해받지 않는 온전한 작업 시간이 생명이다. 예고 없이 찾아오는 영감과 아이디어에 언제든 준비되어 있어야 하기 때문이다. 이메일 확인, 미팅 한 번만으로 작업 흐름이 통째로 날아가는 경우도 허다하다. 작업의 불확실함과 씨름하며 온 감각을 세우고 창작에 몰두해야 하는 과정은 취약할 수밖에 없다. 정해진 규칙에 따라 과업을 수행하고 결과물을 생산해 내야 하는 관리 업무와는 본질적으로 다르다. 창작자에게 관리 업무에 부합하는 일의 방식과 기준을 강요하면, 조직 내 창작자는 빠르게 시들고 무너질 것이다.

창작자에게는 비행기에 오르지 않아도, 외부 흐름에 휩쓸리지 않고 작업에 오롯이 집중하는 시공간이 절실하다. 방해금지 모드를 사용하든, 비행기 모드를 사용하든 그 방식이 중요하지는 않다. 각종 자극과 간섭으로부터 해방되어, 작업과 치열하게 씨름하는 것에만 몰입할 수 있으면 된다.

비행기 모드를 지켜주는 일터

이 책 또한 비행기 모드를 사수하고자 하는 공동의 노력으로 만들어질 수 있었다. 확인할 수밖에 없도록 설계된 메신저, 이메일, SNS를 일상의 중심에서 걷어내고, 오로지 창작에 헌신하는 날들을 확보하기까지 수많은 시행착오가 있었다.

방해금지 모드를 켜고, 온갖 애플리케이션의 알림 설정을 일일이 찾아 끄기도 했다. 작업에 방해가 되는 앱을 지우거나 다른 기기로 옮겨놓은 뒤 기기를 서로에게 맡기는 방법까지 썼다. 외부 요구에 바로 응대하지 못하는 데 따르는 죄책감과 압박감이 어디서부터 온 것인지 함께 들여다보며 다독이는 시간도 필요했다. 창작에 온 힘을 기울여야 할 때, 동료에게 미안함과 고마움을 안고 운영 업무 전반을 맡기는 연습도 필요했다. 비행기 모드는 생각보다 훨씬 어렵고 힘들었지만, 적극적으로 창작 과정에 들여왔기에 비로소 책이 탄생할 수 있었다.

 파트너, 동료들과 함께 서로의 비행기 모드를 지켜줄 방법을 고민하고 실험하는 것은 모두의 생산성과 성장을 위해 꼭 필요한 일이다. 우리 관계, 조직의 비행기 모드는 어떤 모습일 수 있을까. 각자의 능력과 잠재력을 발휘하고 확장해 갈 수 있으려면, 어떤 방식으로 최적의 시간과 리듬을 지켜 나가야 할까.

 함께 비행을 시도해 보는 것은 어떨까.

스마트폰과 거리두기

　스마트폰은 업무뿐만 아니라, 생활, 경제, 문화 등 삶과 사회 전반을 관통하는 존재로 부상했다. 항상 손 닿는 곳에 있으면서 정보 처리, 의사 결정, 기억 저장 등 의식의 핵심 기능을 담당하는 스마트폰은 더 이상 외부 물체가 아닌, 연장된 신체 부위나 다름없다.

　중요한 작업과 씨름할 때든, 소중한 사람과 함께 할 때든, 스마트폰은 항상 곁에 있다. 진정 무엇을 원하고 원치 않는지, 에너지를 어디에 집중하고 싶은지 제대로 판단할 새도 없이 수시로 스마트폰에 손이 간다. 앞서 작업 전환 비용에 대해 살펴보았듯이, 스마트폰 세계와 현실 세계를 수없이 오가는 사이 한정된 인지력은 빠른 속도로 소진된다. 스마트폰이 삶을 지탱하고 있는지, 갉아 먹고 있는지 객관적으로 판단하고 더 나은 관계를 정립하는 것이 필요하다. 이를 위해 스마트폰이 일상적으로 초래하는 에너지 손실에 관한 연구를 살펴보자.

　2017년 스마트폰 의존도와 인지력의 관계를 조사한 연구자들은 놀라운 결과를 발표했다. 테이블 한편에 놓아둔 스마트폰이 - 무음 상태로 뒤집어져 있거나 심지어 꺼져 있다고 해도 - 시야에 들어오는 것만으로 인지력을 떨어뜨린다는 것이다. 무슨 연락이나 알림이 왔을지 신경이 쓰여 주의력이 수시로 분산되기 때문이다. 자연스럽게 정보를 처리하는 능력과 문제 해결력은 떨어지게 된다. 반면 스마트폰을 가방에 넣어두거나 아예 다른 방에 놓아두었던 이들은 영향을 덜 받았다.

항상 스마트폰을 몸에 지니고 있거나 가까이 두는 습관이 있다면, 지금 여기에 얼마나 집중하고 있는지, 스마트폰과 거리두기가 필요한 것은 아닌지 신중하게 살펴볼 때다. 정신이 스마트폰과 대화 사이를 왔다 갔다 하는 동안, 중요한 정보를 놓치거나 논의의 질을 떨어뜨리고 있을지 모른다. 심지어 상대방에게 벽 보고 이야기하는 듯한 느낌을 주고 있을지도 모른다.

스마트폰을 갖지 않기로 선택한 역사학자 유발 하라리처럼 스마트폰과 드라마틱하게 거리 두는 것은 거의 불가능할 것이다. 디지털 거리두기는 사회적 거리 두기보다 훨씬 더 유연하고 탄력적으로 일어나야 한다. 예를 들면 평소 두 시간 정도 걸리는 회의를 스마트폰과 거리를 둔 한 시간 회의로 바꾸는 것이다. 서로에게 몰입하는 한 시간을 만들 수 있다면, 기대 이상의 집중력과 문제 해결력을 발휘할 수 있을 것이다. 논의가 어쩔 수 없이 길어진다면, 중간에 - 한 시간이나 90분 이내의 시점이 좋다 - 잠시 환기하는 시간을 제안하여, 각자 필요한 휴식을 취하거나 급한 업무를 처리할 수 있는 공간을 내어 주는 게 어떨까.

스마트폰과 거리 두는 연습의 핵심은 스마트폰이 삶 깊숙이 들어오면서 일어난 인지와 행동의 변화를 낯설게 감각하는 것이다. 양해를 구하지 않고 불쑥 스마트폰을 확인하는 게, 마치 손가락으로 화면 넘기듯 눈앞의 존재를 치워버리는 것과 같다는 느낌을 받을 때가 있다. 디지털 사회에서 서로 단절되는 경험에 무감각해지진 않았는지, 어떤 감수성으로 서로를 마주하길 바라는지 진실된 성찰과 대화가 일어나길 바란다.

도파민의 진실

디지털 시대의 건강과 균형 문제의 핵심에는 신경 물질 '도파민'이 자리 잡고 있다. 최근 들어 미디어에 자주 언급되고 있지만, 제대로 된 이해 없이 쓰이는 경우가 많다. 오해도, 왜곡도 많은 도파민에 대해 총체적으로 짚는 시간을 마련했다.

1. 올바른 정의

'쾌락 호르몬'으로 잘못 불리기도 하지만, 도파민은 쾌락 자체보다는 기대감을 갖게 하는 것을 찾고 추구하는 동력을 만든다. 정확히 말하면 도파민은 '동기부여 및 동력'과 관련된 신경 전달 및 조절 물질이다. 신경전달물질^{neurotransmitter}은 옆 사람과 대화하듯, 주변 가까이 있는 신경 세포 간의 상호작용을 돕고, 신경조절물질^{neuromodulator}은 콘서트 관객들을 뛰게 하듯, 넓게 분포된 큰 규모의 신경 세포들에 영향을 주는데, 도파민은 둘 다에 해당한다.

2. 인지력 향상 효과

도파민을 분비하는 신경 세포는 글루탐산염^{glutamate}이라는 신경전달물질을 함께 분비하는데, 글루탐산염은 주변의 신경 세포들을 활성화하는 성질을 가지고 있다. 이에 따라 도파민 회로는 무언가를 추구하는 데 필요한 주의력, 작업 기억, 문제해결력 등의 인지 기능들도 함께 촉진하게 된다.

3. 에너지 상승과의 관계

도파민 분비 시, 자극에 반응하여 에너지를 만드는 아드레날린과 노르아드레날린이 함께 분비된다. 세 화학물질은 하나의 가족과도 같은데, 도파민이 노르아드레날린으로 전환되고, 노르아드레날린이 아드레날린으로 전환되는 구조다.

4. 신체 움직임과의 관계

삶의 동력을 담당하는 도파민은 심리적인 동기부여뿐만 아니라, 원하는 것을 추구하는 신체 움직임을 촉진한다. 도파민 신경세포들이 손상되거나 죽게 되면, 신체 움직임 전반에 문제가 생기는 파킨슨병 같은 질병이 발생하는 이유다. 도파민은 삶의 의욕을 지탱하는 물질이기도 하기에, 우울증과 같은 정신 질환도 함께 겪을 수 있다. 한편 도파민 생성을 촉진하는 치료법이 효과를 발휘하면, 환자의 움직임 능력과 정신 건강은 함께 호전될 수 있다.

5. 촉진 방법

음식, 움직임, 교감하는 관계 등 도파민 분비를 촉진하는 요소들은 다양하다. 그중 차가운 물은 도파민 수준을 상승시키고, 상승한 상태를 오래 지속시킨다는 점에서 주목할 만하다. 안전한 수준에서 불편할 정도로 차가운 물에 노출되면 도파민 수준을 마약성 약물과 비슷한 수준인 2.5배까지도 끌어올릴 수 있다고 한다.

6. 도파민과 쾌락-고통 시소

도파민을 지나치게 자극하면 중독과 번아웃을 초래할 수 있다. 도파민은 즐겁고 흥미로운 것을 추구할 때 상승하는데, 도파민 양의 조절을 위해 상승 후에는 반드시 하락이 따른다. 이때 쾌락과 상반된 고통이 따르는데, 보상을 추구하는 활동에서 느낀 만족감이 클수록, 도파민 상승 폭에 따른 하락 폭도 커지고, 보상을 추구하지 않음에서 오는 고통은 더욱 커진다. 고통을 피하고자 끊임없이 자극을 추구하면 중독으로 이어질 뿐만 아니라, 도파민을 소진해 번아웃을 부르게 된다.

7. 도파민 소진과 번아웃

도파민은 끝없이 분비되는 물질이 아니다. 도파민이 분비되려면 촉촉한 액체 주머니에 쌓인 형태로 만들어져야 하는데, 이에는 생산 시간이 필요하다. 분비 가능한 도파민이 거덜 날 정도로 자극을 과도하게 좇으면, 무기력함과 의욕 상실이 따르게 된다. 만족스러운 삶을 위해 매일 꽉꽉 채워 살다 보면, 도파민을 소진해 갑자기 번아웃이 올 수 있다. 하나의 활동에 여러 자극을 겹겹이 쌓는 습관도 지속가능성에 독이 된다. 예컨대 작업이나 운동을 할 때 몰입력을 높이려 노래, 에너지 드링크 등을 곁들인다면, 단기적으로는 도파민 수준을 높이지만 중장기적으로는 도파민을 소진해, 활동을 하면 할수록 의욕과 흥미가 떨어지게 된다.

8. 디지털 중독과의 관계

이 시대 가장 보편적인 중독 물질은 바로 소셜미디어(SNS)다. 손가락으로 밀면 다음 콘텐츠가 튀어나오는 '스와이프^{swipe}, 방식부터 빨간색 알림 버튼까지, SNS는 이 시대 최고의 브레인들이 고안한 도파민 자극 장치들로 작동한다. SNS는 사용자 접속량으로 광고 수익을 내기에, 애초에 중독을 유발하도록 치밀하게 설계되었다. 스마트폰에 SNS 앱이 깔려 있으면 수시로 찾을 수밖에 없고, 도파민 시스템의 균형은 깨지고 만다. 디지털 시대에 아동은 물론, 25세까지 뇌가 한창 발달하는 청년들까지 중독과 무기력의 늪에 빠지지 않을 수 있도록, 지속적인 관심과 가이드가 필요하다.

9. 도파민 균형과 중독 치료

우울, 의욕 저하 등을 수반하는 중독의 그늘에서부터 벗어나기 위해서는 도파민 시스템의 균형을 되찾아야 한다. 『도파민네이션』의 저자이자 스탠퍼드 중독치료센터 소장인 정신의학자 애나 렘키$^{Anna\ Lemke}$에 따르면, 한 달간 중독 물질 및 행위로부터 거리를 두는 도전이 좋은 출발점이 될 수 있다. 첫 2~3주 동안은 자극을 추구하지 않음에서 오는 고통을 혹독하게 겪을 것이다. 그러나 한 달에 가까워질수록 도파민 시스템이 안정화되어 자극에 대한 의존을 줄일 수 있게 된다. 도파민 시스템의 회복과 함께, 주의력과 인지력도 향상되어 학습부터 대인관계까지 삶의 활동에 더 맑은 정신으로 참여할 수 있게 된다. 종종 ADHD로 의심되는 이들이 사실은 도파민 불균형으로 인한 증상을 겪고 있을 수 있다는 점을 염두에 두자.

쉼을 지우는 알코올

삶의 무게가 버거울 때면 술 한잔이 떠오르곤 한다. 알코올은 의학 관점에서 진정제^{sedative}, 즉 중추 신경계 활동을 억제하는 약물이다. 힘든 감정들을 포함한 의식 활동 전반을 감소시키는 역할을 하는 것이다.* 쉴 새 없이 돌아가는 머리를 잠시 끄고 싶을 때, 팽팽하게 잡고 있던 정신줄을 느슨하게 놓아주고 싶을 때, 술을 찾게 되는 이유다.

한편 알코올 복용량이 높아지면 정신줄이 느슨해지다 못해 의식을 잃게 되기까지 한다. 술을 마시면 잠이 잘 온다고 생각했다면, 의식을 잃은 상태를 수면으로 착각했을 수 있다. 잠은 수억 개의 신경 세포들이 활발하게 소통하며 신체·정신적 성장과 회복을 촉진하는 시간이다. 알코올에 의한 진정^{sedation} 상태는 신경 세포의 활동이 현저히 줄어든 상태로, 수면과는 차원이 다르다.

알코올은 잠을 부르지 않을뿐더러 오히려 토막 낸다. 알코올을 섭취하면 위협적인 상황에서 일어나는 교감 신경계의 '싸움-도피' 반응이 불쑥불쑥 활발해져 자주

*물론 신경계를 억제하는 동안 옆어지는 듯한 감정들은 해소되지 못하고 그대로 몸에 남아 행동과 관계, 삶을 빚는다.

깨게 된다. 알코올 분해 과정에서 혈당, 체온, 호흡 패턴 등이 비정상적으로 요동치는 것과도 관련이 있다. 수면이 연속적으로 이어지지 못하면* 깊은 수면에서 일어나는 치유와 회복 작용이 심각하게 저하될 수밖에 없다.

*p. 44에서 약 90분 리듬으로 순환하는 수면의 구조를 되짚어볼 수 있다.

 수면 중에서도 렘수면이 큰 타격을 받는데, 알코올 분해의 부산물이 렘수면 생산을 방해하기 때문이다. 렘수면 양이 줄어들면서, 렘수면 시 활발하게 일어나는 호르몬 분비에도 지장이 생긴다. 특히 신진대사와 세포 수리에 필수적인 성장 호르몬이 50% 이상까지 감소할 수 있다. 과음하고 난 다음 날 몸이 만신창이가 된 것 같이 느껴지는 이유다. 또한 렘수면은 정서 조율에 핵심 역할을 하기 때문에, 부정적인 감정을 더 많이 느끼거나 대인 관계에 갈등이 일어날 위험도 커진다.

 알코올로 인해 밤새 몸이 회복할 기회를 잃었다면, 그 후 며칠 동안 수면을 사수하여 회복과 치유를 해내야 한다. 즉, 음주로 인한 피로를 이기기 위해 카페인을 평소보다 많이 혹은 늦게까지 섭취하는 일은 막아야 한다. 힘들더라도 찬물 샤워, 햇살 산책, 짧은 낮잠 등으로 생체리듬을 최대한 지켜내야 안정적으로 잠에 들 수 있다.

술이 어떤 물질이고, 어떻게 뒷감당 해야하는지 제대로 아는 것은 나 자신뿐만 아니라, 나를 둘러싼 다른 관계들을 보호하는 일이다. 알코올에 대한 기초적인 지식을 나누고, 알코올과 어떤 관계를 맺을지, 통제할 수 없는 부작용에 대해 어떤 대응책을 마련할지 진솔한 논의를 나눠야 한다.

알코올은 몸마다 다르게 작용하기에 - 많은 이들이 자신도 모르는 알코올 알레르기를 가지고 있기도 하다 - 건강한 음주 문화의 핵심은 다양한 선택지를 마련하는 것이다. 술은 본래 자연의 재료와 미생물들의 놀라운 연금술로 탄생한 음식이다. 한 종류에도 수만 가지 향과 맛, 질감을 지닌 술들이 있으며, 어떤 음식과 어떻게 조합하냐에 따라 같은 술도 완전히 다르게 경험할 수 있다.

알코올은 생체리듬과 균형을 흔들 수밖에 없는 물질이라, 몸이 회복하는 데 필요한 시간과 에너지를 내어 주어야 한다. 삶의 묘미는 균형을 잃지 않는 데에 있는 게 아니라, 다시 돌아오는 과정에 있다. 이왕 타협할 수밖에 없는 상황이라면, 즐겁고도 우아한 타협을 이뤄낼 수 있기를 바란다.

FOOD

삶을 지지하는 식문화

음식은 연료가 아니다. 인간에게 음식은 함께 누리는 문화다. 수만 년간 함께 식량을 구하고, 요리해서 나누고, 보존하는 지혜를 쌓아 물려줬기 때문에, 인류는 생존을 넘어 번영할 수 있었다. 음식은 유대 관계를 쌓고, 공동체 결속을 다지며, 낯선 이들을 환대하는 강력한 매개가 되어 주었다. 1인 가구가 많아지고 혼자 먹는 경우가 늘어나는 상황에서도, 우리는 음식이 함께 나눌수록 물리적으로, 정서적으로 풍요로워지는 문화 활동임을 알고 있다. 요리가 기쁨인 어머니도 본인만을 위한 요리는 잘 하지 않으시는데, 속상하기도 하지만 한편으로는 당연한 일일지도 모른다. 먹는 일은 지극히 관계적인 활동이다.

식문화를 누리는 게 어려워진 가장 큰 이유 중 하나가 바로 일이다. 일터에서 음식은 효율적으로 소비해야 하는 연료로 취급된다. 어떻게 만들어진 음식을 어떻게 먹는지는 귀한 손님을 대접할 때가 아니면 그다지 중요하게 여겨지지 않는다. 잘 알지도 못하는 원료와 화학물질(색, 향, 맛을 만드는 첨가물, 방부제 등)로 만들어진 가공식품을 구해서 몇 분 만에 끼니를 때우는 일도 많다. 식사 시간은 언제든 축소하고 희생할 수 있는 대상이 된다.

 그러나 양질의 양분이 필요한 몸과 일하는 몸은 분리될 수 없다. 건강한 음식을 포기하면서 좋은 몸과 마음으로 기능하는 건 불가능하다. 무엇을, 어떻게 먹느냐는 우리의 신체적, 정신적 상태를 결정한다. 음식에는 누군가의 영혼을 울리고, 죽음으로 몰렸던 생명까지 살리는 치유의 힘이 있다. 농사부터 손질, 조리, 발효의 과정까지 음식은 수많은 이들의 엄청난 시간과 에너지가 깃든 산물이다.

나를 만드는 미생물 생태계

정성과 사랑이 깃든 음식도 인간의 노력만으로는 몸에게 귀한 자양분을 줄 수 없다. 보이지 않을 정도로 작은 미생물 수십조 마리*가 음식을 에너지와 영양소로 전환하는 역할을 하기 때문이다. 장기만으로 소화할 수 없는 복합 탄수화물, 단백질, 지방을 분해하여 흡수되게 돕고, 섬유질을 발효하여 지방산과 같은 영양소를 공급한다. 또한 여러 필수 비타민과 미네랄 생성을 돕고, 음식물에서 섭취하기 어려운 영양소(뼈 건강과 심혈관계를 지탱하는 비타민 K2 등)까지 만든다.

*우리은하에 존재하는 몇억 개 별보다 훨씬 더 많은 미생물이 한 사람의 소화관에 서식한다.

놀라운 건 장내 미생물, 즉 '마이크로바이옴$^{micro biome}$'*이 우리의 면역 시스템을 구성한다는 것이다. 마이크로바이옴은 체내 독소와 해로운 화학물질을 분해하고, 위험한 균과 바이러스를 쫓아내거나 죽이는 항균 물질을 분비한다. 또한 면역 세포들을 발달시키고, 어떤 물질이 해로운 것인지 교육하는 역할도 한다.

*피부, 입, 대부분 위장에 서식하는 미생물, 즉, 세균, 진균(곰팡이균), 고세균을 통틀어 '마이크로바이옴'이라 부른다.

마이크로바이옴은 우리 몸보다 약 500배 많은 유전자를 지니고 있다. 따라서 그 어떤 신체 부위도 따라올 수 없을 정도로 다재다능하고, 높은 문제해결력과 적

능력을 지녔다. 우리 몸만으로는 할 수 없는 소화와 면역 기능뿐만 아니라, 신경 세포와 소통하는 분자들을 분비해서 장기를 성장시키고 신경계를 발달시킨다. 또한 세로토닌, GABA 등의 신경조절물질을 생산하여 스트레스 대응과 감정 조율을 돕는다. 도파민, 노르아드레날린과 같이 삶에 에너지를 주는 물질도 생산할 수 있다. 마이크로바이옴은 우리의 생존, 발달과 건강을 총체적으로 보살피는 너무도 필수적인 존재다.

음식과 마이크로바이옴

 사람마다 고유한 미생물 생태계가 존재하기에, 같은 음식을 먹어도 각자 다르게 소화한다. 음식이 칼로리 수치와 영양 성분에 국한될 수 없는 이유다. 먹는 사람의 미생물 생태계에 따라 같은 도넛이나 샐러드에서 얼마만큼의 에너지와 영양소를 흡수할 것인지, 어떤 성분을 배출시킬 건지가 달라진다. 평소 기름진 음식을 잘 먹지 않는 몸은 자주 먹는 몸에 비해 도넛에서 열량과 당, 지방을 추출하는 미생물이 적을 것이다. 평소 섬유질이 많은 채소를 풍성하게 먹는 몸은 그렇지 않은 몸에 비해 섬유질 소화 미생물이 많아서 샐러드에서 얻을 에너지나 영양소가 더 많을 수 있다.

또한 같은 몸이라도 때에 따라 음식을 다르게 소화할 수 있다. 장내 미생물 생태계는 기분이나 컨디션처럼 하루에 몇 번이고 변화하기 때문이다. 누구와 접촉하며, 얼마나 스트레스를 받고, 얼마나 잠을 자는지, 어떤 약을 먹는지* 등 생활 방식과 삶의 변수에 따라 미생물 생태계는 수시로 변한다.

*특히 항생제는 미생물이 유익하든, 해롭든 구분하지 않고 대거 죽이기 때문에 급격한 생태계 변화를 불러온다.

수많은 영양제와 건강보조식품이 쏟아져 나오고, 음식의 성분을 어떻게 조작할지에 관심이 쏠리는 요즘, 장내 미생물의 역할을 고려하지 않는 영양학은 반쪽짜리 진실일 수밖에 없다. 실제 영양 및 다이어트 과학은 가장 논쟁적인 분야 중 하나다. 거의 모든 쟁점에 대해 상반된 결과를 보이는 연구를 찾을 수 있고, 연구 결과들 또한 빠르게 업데이트된다.

음식을 먹을 때 몸에 필요한 연료를 공급한다는 관점보다는, 어떻게 '장내 미생물 생태계'라는 밭을 가꿀 것인가 하는 '가드닝'의 관점이 필요한 시점이다.

미생물과의 관계를 근본적으로 변화시킬 진화사 지식

진화사에서 세균이 케이크라면,
동물은 그 표면에 발린 달짝지근한 크림이다.

- 고생물학자 앤드루 놀 Andrew Knoll

우리는 미생물에 둘러싸여, 아니 미생물로부터 진화했다. 곰팡이(버섯, 효모 등을 포함한 균류)와 꽃(식물), 우리(동물)는 서로 상당히 달라 보이지만, 모두 '진핵생물'이라는 같은 범주의 생물이다. 공통적으로 진핵세포, 즉 DNA로 채워진 핵이 중심부에 있는 세포들로 구성된 생명체인데, 이 세포들은 명확한 구조(내골격)와 에너지를 만드는 미토콘드리아를 지닌다. 곰팡이, 꽃, 인간 모두 같은 조상, 즉 미생물에서 진화했기 때문이다.

약 20억 년 전 지구상에 존재하는 생물은 우리가 흔히 아는 세균과 화산, 심해처럼 열악하고 극단적인 환경에 서식하는 고세균밖에 없었다. 약 20억 년간 각자의 방식으로 진화하던 이 단세포 생물들에게, 어느 날 앞으로의 25억 년을 영원히 바꿀 엄청난 기적이 일어난다. 고세균 한 마리와 세균 한 마리가 우연히 같은 숙주세포 안에 갇혀 서로 결합하게 된 것이다. 이 획기적인 사건은 생명 역사상 가장 위대한 공생으로 여겨진다.

그 안에서 고세균은 세포에 골격을 제공하며 결국 미토콘드리아로 변했다. 미토콘드리아는 진핵세포에 에너지를 제공하면서 더 많은 유전자를 축적하고, 세포들이 한층 복잡한 형태로 발전할 수 있게 했다. 첫 20억 년간 눈에 보이지 않던 미생물로만 가득했던 지구 생태계가 점차 거대한 동식물의 생태계로 확장될 수 있었던 이유다.

지구 생명의 놀라운 진화사를 통해 우리가 미생물 간의 극적인 결합을 통해 탄생한 존재임을 알게 되었다. 인간과 미생물은 남남이 아니라, 서로가 있어 존재할 수 있는 운명공동체다.

미생물의 세계를 안내해 준 과학 저널리스트 에드 용$^{Ed\ Yong}$에게 감사한다. 그의 책 『I Contain Multitudes』는 인간 중심의 관점을 탈피하고, 경이로운 생태계와 치열한 과학적 탐구의 관점으로 미생물 세계를 입체적으로 조명하였다. 에드 용의 작업은 이 챕터뿐만 아니라, 책 전체에 영감이 되어 주었다.

변화의월담의 일하는 일상 속에서 차린 식탁들. 계절과 관계가 선물해 준 재료들로 기쁘게 요리하고 나누었던 시간은 몸과 미생물들이 생생하게 기억하고 있다.

미생물 밭을 가꾸는 음식

장내 미생물 생태계를 건강하게 하는 것은 토양을 비옥하게 하는 것과 같다. 이로운 미생물들의 다양성을 늘리는 꾸준한 노력이 핵심이다. 이로운 미생물을 키우는 대표적인 먹이는 섬유질이 풍부한 다양한 채소, 과일 그리고 곡물이다. 버섯 또한 좋은 먹이가 되는데, 갖가지 영양소가 풍부하고 채소, 곡물에서 얻을 수 없는 독특한 화합물을 지녔기 때문이다. 특히 우리 문화에는 산과 밭에서 채집한 수많은 식물과 버섯을 무쳐 먹고, 굽고, 볶고, 끓이고, 발효시키는 등 다양한 요리가 개발되고 전해져 왔으니, 건강한 미생물 생태계를 가꾸는 훌륭한 문화유산을 곁에 둔 셈이다.

김치, 된장과 같은 발효 음식들은 마이크로바이옴에게 특식과도 같다. 발효 식품에는 우리 몸에 이로운 미생물(프로바이오틱스 probiotics)과 그들의 먹이가 되는 섬유질(프리바이오틱스 prebiotics*)이 매우 풍성하여, 마이크로바이옴 건강에 훌륭한 음식으로 꼽힌다. 우리에게 익숙하다 못해 홀대받고 있는 발효 음식들이 최근 마이크로바이옴 연구가 활기를 띠면서 세계적으로 각광받고 있다. 동서양을 막론하고 전 세계 수많은 이들이

*시중에 판매되는 수많은 프로파이오틱스와 프리바이오틱스 제품은 의학 효과가 검증되지 않아, 약물이 아닌 식품으로 분류된다.

김치를 즐겨 먹는 것은 물론, 자신만의 김치를 담글 정도다.

 반면, 가공식품은 장내 미생물 생태계를 크게 변형시키는데, 음식의 변질을 막기 위해 미생물을 죽이고 억제하는 화학 물질을 넣어 만들어졌기 때문이다. 미리 조리되어 포장재에 쌓인 볶음밥과 식재료를 준비하여 직접 만든 볶음밥이 본질적으로 다를 수밖에 없는 이유다.

 달지 않은 식품에조차 미각으로 느끼기 어려운 당류가 많이 첨가되는데, 보존 기간을 늘릴 뿐만 아니라, 더 많은 소비를 부를 수 있기 때문이다. 위장에서 당을 감지하는 신경 세포들이 뇌에 신호를 보내 도파민 회로를 자극하고, 이에 따라 음식을 더 갈구하게 된다. 가공식품의 맛이 어떻든 간에 더 많이 소비하게 되는 이유다. 개인의 의지와 절제력의 문제가 아니다. 수익 창출을 위해 생물학을 역이용한 식품 설계에 따른 당연한 결과다.

일하는 몸을 살리는 식문화

 몸을 살리는 교육과 일터를 만드는 도전을 시작한 지 7년 차가 되었다. 기존 인식이나 상상에는 없던 새로운 교육과 언어를 짓는 일을 하면서, 경제적으로 불안정할 수밖에 없었다. 정신없이 돈을 벌고 쓰면서 삶을 유지하는 것이 아니라, 소비의 굴레를 벗어나 삶을 풍요롭게 꾸리는 '살림의 지혜'가 필요했다. 그 중심에는 음식을 짓고 나누는 일이 있었다. 영양, 면역, 정신 건강까지 지탱하는 장내 미생물에 대해서는 몰랐지만, 삶의 무게에 짓눌릴 때 음식이 힘과 돌봄을 나누는 강력한 매개가 된다는 것은 몸소 느끼고 있었다. 혼자의 힘으로는 구현하기 어려웠던 기쁨과 치유의 식문화를 짓는 시도가 있었기에, 그간의 여정과 지금의 우리가 가능했다.

 지금도 업무의 중심에는 수면, 햇살, 움직임과 더불어 음식이 자리잡고 있다. 교육 연구든 외부 출강이든, 어디서 만나 어떻게 일을 할 것인지는 무엇을, 언제, 어떻게, 먹을 건지와 함께 고려해 결정한다.

 변화의월담을 지탱한 식문화는 우리의 노력만으로 가

능하지 않았다. 가난하고 불확실한 일을 한다고 걱정하시며 하루 종일, 혹은 며칠, 심지어 몇 년에 걸쳐 만든 음식을 갖다주시는 어머니들이 있어 가능했다. 건강한 토양과 농사법으로 깜짝 놀랄 만한 맛과 향, 식감을 품은 채소와 쌀을 선물해 준 농부 이웃들 덕분이기도 했다. 날마다 새벽같이 일어나 공수한 식재료들로 정성스레 만든 먹거리를 제공하는 동네 상인들 덕분이기도 했다. 머리로 헤아릴 수 없고 액수로 환산할 수 없는 노동과 정성으로 먹을 것을 짓는 이들이 곁에 있었기에, 변화의월담의 식문화도, 일도 단단하게 뿌리내릴 수 있었다.

우리 몸과 삶은 눈에 보이지 않는 수많은 존재에 의존하며 지속하고 성장하는 공생체다. 음식을 짓고 나누는 일은 그 관계적 삶의 근간이다. 몸속 미생물 생태계를 가꾸는 가드닝의 즐거움이 삶 곳곳에 피어나길, 건강하고 다채로운 식문화가 일 한가운데에서 활기를 띨 수 있길 바란다.

미생물 생태계 다양성을 가꾸는 사랑의 관계들로 몸과 삶은 더욱 부드럽고 단단해진다. 삶의 희로애락 속에서 살을 부대끼며 다채로운 향, 맛, 질감, 온도로 돌봄을 나누는 식구들 덕분에, 지금의 우리가 있다.

MOV

EMENT

살아 움직이는 힘

 평소 몸이 무겁고 안 아픈 데가 없다 해도, 어릴 적 했던 놀이를 만나면 '나이 들어서' 사라진 줄 알았던 잽싼 움직임이 불쑥 튀어나오곤 한다. 너무 추워서 움츠러드는 날에도 산을 오르는 등 조금만 숨이 차는 활동을 하면, 금세 열이 나면서 겉옷을 벗게 된다. 겨울인데도 봄처럼 따스하게 느껴진다. 물리치료를 받고도 나아지지 않던 어깨 통증이 신나는 음악에 팔다리를 휘젓다 보면 감쪽같이 사라져 있기도 한다.

 움직임에는 상상하지 못했던 방식으로 나이, 계절, 통증, 감정을 넘나들며 현실을 전환할 수 있는 힘이 있다. 움직임이 강력한 이유는 지금, 내 몸으로 변화를 만들고 느낄 수 있기 때문이다.

 모든 살아있는 몸은 움직인다. 끊임없이 움직이는 어린아이들을 떠올려 보자. 자신을 사랑해 주고 보호해 주는 존재에게 다가가고, 신기한 것들로 가득 찬 세상을 온몸으로 탐색한다. 관계 맺고자 하는 욕구, 세상에 대한 호기심을 따라 몸이 동하는 경험. 그런 움직임의 기억이 우리 모두의 몸에 새겨져 있다.

그러나 크면서 움직임과 점점 거리가 생긴다. 신체 기능과 수행 능력을 중심으로 몸의 가치를 판단 받는 경험이 쌓이기 때문이다. 움직임은 누구나 자유롭게 따를 수 있는 욕구가 아니라 몸을 '잘 쓰는' 특정 사람들의 영역이 된다.

 몸은 있는 그대로 존중받고 있는지, 아니면 비교당하고 평가당하고 있는지 귀신같이 알고 반응한다. 몸의 서열이 명확한 사회에서 자신의 가치가 낮게 평가될 바에는 움직임 자체를 거부하는 게 낫다. 움직이기를 싫어하게 되는 건 타인의 시선과 판단으로부터 자신을 지키는 방법이 된다. 살아있는 모든 몸은 움직이지만, 움직임이 모든 몸에게 힘이 될 수 없게 된 이유다.

 모든 몸에 내재된 움직임의 욕구와 힘을 되살리는 노력이 필요하다. 우리에게 부족한 것은 체력이나 부지런함이 아니라, 몸을 동하게 하는 영감과 상상력이다. 즐겁고 자유롭게 움직일 수 있는 환경이 허락된다면, 오랜 시간 쌓인 두려움, 거부감을 넘어 움직일 수 있다. 세상과 내면의 벽을 넘는 변화의 월담을 시작해 보자.

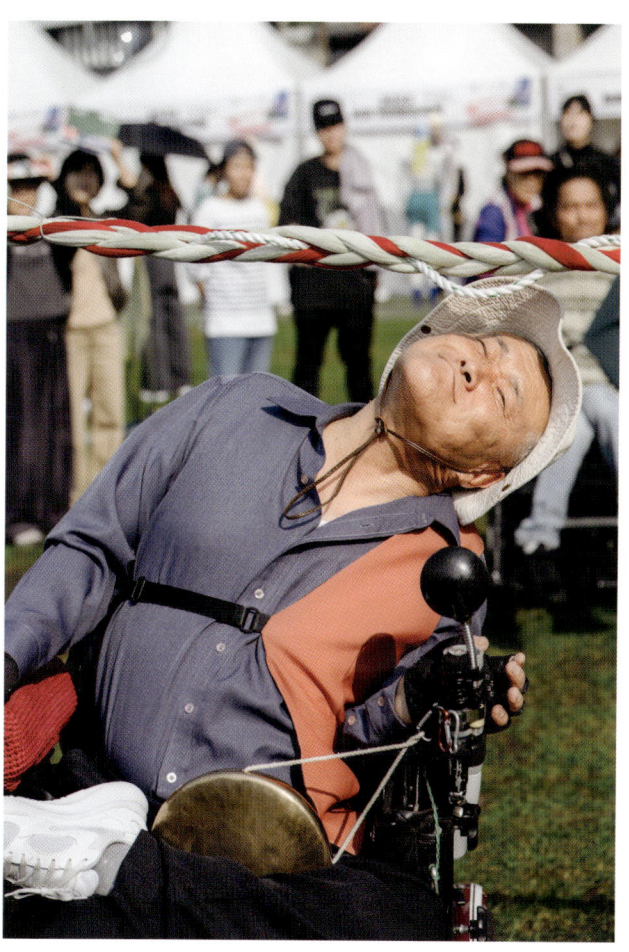

느끼는 몸의 회복

움직인다는 것은 곧 느끼는 것이다. 움직이지 않으면 느끼지 못한다. 감각 인지를 담당하는 신경 네트워크와 움직임을 담당하는 신경 네트워크는 서로 긴밀하게 엮여서 상호 소통한다. 둘을 묶어서 '감각 운동계 sensory-motor system'라고 부르는 이유다. 덕분에 우리의 내부, 외부 환경을 감각하고 이에 반응하여 움직임으로 매끄럽게 연결할 수 있게 된다.

한편 사회에서 우리는 몸의 느낌을 억누르는 연습을 한다. 학교에 가면 의자에 몸을 묶어두는 것부터 훈련한다. 처음에는 엉덩이를 의자에 계속 붙이고 있는 게 본능을 거스르는 일이지만, 점점 그 환경에 적응하여 나중에는 일어나는 것이 더 힘들어지기까지 한다. 몸은 의식하지도 못한 채 의자의 형상에 맞춰 빚어진다. 그 변형의 과정에는 여러 고통이 따름에도 불구하고, 사회의 기대에 부응하기 위해 몸의 감각과 단절되는 연습을 하는 것이다.

억압이란 몸에 대한 학습된 불신이다.
제도화된 트라우마 그 자체다.

- 타다 호주미 Tada Hozumi

　의자, 신발, 옷 같은 물리적 요소뿐만 아니라, 말, 시선, 편견 같은 문화적 요소 모두 몸을 조용하고도 강력하게 빚는 환경이 된다. 세상의 압력에 의해 빚어진 몸을 치유하는 과정에는 몸의 느낌과 다시 연결되는 연습이 필요하다. 느낌을 억눌렀던 지난한 세월이 있었던 만큼, 느낌을 허용하고 회복하는 과정은 치열할 수밖에 없다. 별 감각이 없던 곳에 예상치 못한 혹은 원치 않는 느낌이 생길 수도 있다. 낯선 감각을 수용하는 과정에는 에너지가 많이 든다.

　그럼에도 불구하고 느낌은 우리를 더 안전하고 지속가능한 삶으로 이끄는 안내자가 된다. 경직되거나 고통스러운 느낌을 통해 무엇 때문에 힘든지 들여다볼 수 있게 되고, 평온하거나 생기가 도는 느낌을 통해 필요했던 돌봄을 찾을 수 있게 된다. 몸의 느낌은 맞닿을수록 덜 불편하고 덜 번거로워질 뿐만 아니라, 다행스럽고 고마운 존재가 된다. 느낌에 귀 기울일수록 나의 몸과 삶에 대해 놓치고 있었던 중요한 정보를 얻을 수 있고, 자신과 주변을 더 잘 지킬 수 있는 방법을 찾아 나서게 된다.

특정 이미지나 기능을 추구하기 이전에, 느낌의 회복을 위해 움직이는 시도가 더 많아져야 하는 이유다.

『느낌의 진화 The Strange Order of Things』에서 신경과학자 안토니오 다마지오$^{Antonio\ Damasio}$는 느낌과 감정의 역할이 쏙 빠져 있는 문명의 서사를 지적한다. 느낌은 모두가 "그 존재를 감지하지만 아무도 언급하지 않는 … 투명인간처럼 여겨져 왔다"고 말이다.

수십 년의 임상 관찰과 신경과학 연구를 통해 다마지오는 느낌, 감정이 지능과 의식의 근간을 이루는 관계를 밝혀왔다. 지난 400여 년 동안 지배적이었던 이원론적 세계관, 즉 몸과 정신을 분리해 사고하는 패러다임의 전환을 촉구하는 것이다.

다마지오는 "느낌은 우리가 문제에 반응하도록 동기를 유발하고 또한 그 반응이 성공적인지 그렇지 못한지 감시"하기에 고통을 줄이고 안전과 즐거움을 늘리는 방향으로 문화를 발명해 갈 수 있었다고 설명한다. 그는 문화에서 느낌이 수행하는 역할을 세 가지로 분류한다 :

1. 지적 창조의 동기 유발자
   - 항상성 결핍 감지 및 진단, 노력을 기울일 바람직한 상태 식별
2. 문화적 행위 및 도구의 성공과 실패 여부를 살피는 감시자
3. 문화 형성 과정을 조율하는 협상자

다마지오의 저서 『데카르트의 오류 Descartes' Error』, 『느낌의 발견 The Feeling of What Happens』 등을 통해 느낌의 생물학적, 사회적 역할에 대해 더 깊이 살펴볼 수 있다.

신경가소성과 놀이

 몸을 움직이며 새롭게 감각하는 경험은 신경 회로들이 변화하고 재구성되는 '신경가소성'을 촉진한다. 자신과 세상을 인식하는 방법을 구성하는 신경계가 새롭게 짜인다는 것은, 곧 삶과 정체성이 변화하는 일이다. 신경가소성을 만드는 가장 강력한 방법은 '놀이'다.

 신경과학에서 정의하는 '놀이'란 저위험 환경에서 새로운 가능성을 탐색하는 활동이다. 활동의 결과로 삶이 좌지우지되지 않는 안전한 환경에서 삶에서 직접 해볼 수 없었던 실험을 시도하는 것이다. 기존의 생각과 믿음에 대한 가설을 세우고 검증하는 것, 새로운 정체성이나 삶의 서사를 만들고 시뮬레이션하는 것을 포함한다.

 놀이의 가장 중요한 특성은 주어진 규칙에 따라 성과를 만드는 것보다, 새로운 가능성을 탐색하는 것 자체에 가치를 둔다는 점이다. 결과에 얽매이지 않고 가능성을 탐색하는 일이 허용되고 격려, 존중받는 것이다.

 이 챕터에서는 있는 그대로의 내 몸을 알아가고, 내재

된 가능성을 확장하는 놀이의 관점으로 움직임을 소개한다. 잘 보이고 잘 기능해야 한다는 압박감에서 해방되어, 자유롭고 즐겁게 신경계와 삶을 재구성할 수 있는 놀이를 맛보자.

세상에 대한 호기심으로 몸을 활짝 펼치던 기억을 되살리는 놀이

앞이 보이지 않아도 공놀이를 할 수 있음을 발견한 기쁨

흔들리는 균형

몸의 구조를 입체적으로 이해할 수 있는 대표적인 놀이는 '균형'이다. 발부터 머리까지 300개가 넘는 관절이 연결되어서 어떻게 하나의 몸으로 움직이는지 실시간 감각하면서 조율하는 과정이기 때문이다.

'균형'이라고 하면 보통 수평을 이루고 멈춰 있는 양팔 저울을 떠올리는데, 살아있는 몸의 균형은 결코 정적이지 않다. 걸음마를 시작하는 아이를 보거나, 발 하나를 들고 서 있기만 해도 알 수 있듯이, 흔들림 속에서 중심을 찾아가는 역동적인 과정이다.

몸에 힘을 주고 균형을 잡으면 일시적으로 안정적일 수 있어도, 외부 변수에 쉽게 무너지기 마련이다. 흔들리지 못하는 건물이 지진에 붕괴되는 것처럼 말이다. 자연스러운 흔들림을 허용하며 조율하는 관점으로 균형에 접근해야 한다. 불안정함을 느낄 때마다 붙잡게 되는 부위를 의식적으로 놓아주며, 중력을 부드럽게 통과시키는 움직임의 연속만이 균형을 지속시킬 수 있다. 균형의 본질은 불안정성에 응답하는 흔들림에 있다.

균형은 머리-가슴-골반 세 무게 중심부가 끝없이 재배열하며 축을 지키는 역동적인 과정이다.

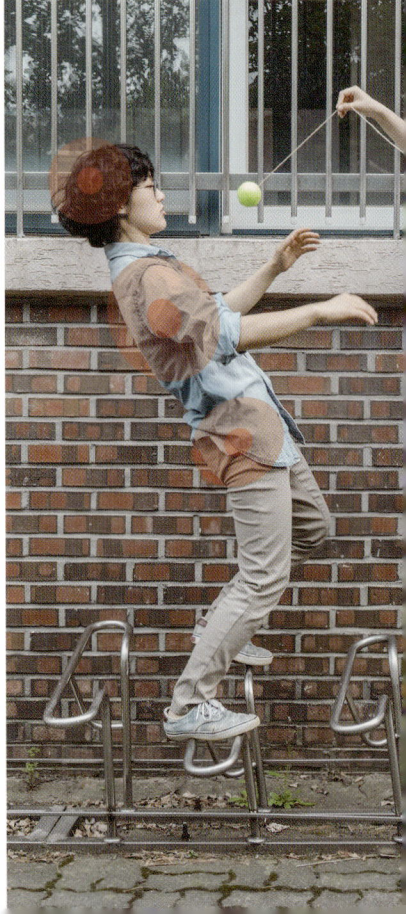

신체 구조가 축을 벗어났다가도
언제든지 다시 돌아올 수 있는
회복탄력성이 균형의 핵심이다.

평평한 지면 위에 한 발로 서는 간단한 활동으로도 몸의 소통과 연결에 대해 많은 것을 배울 수 있다. 몸의 세 무게 중심부인 머리, 가슴, 골반을 각각 움직이며, 어떨 때 균형이 많이 흔들리는지, 어디가 많이 굳어있어 전체 움직임과 단절되는지 파악할 수 있다. 더 깊이 들여다보면 어떤 감정과 생각이 몸을 경직되게 하는지, 평소 몸과 맺고 있는 관계는 어떤지 성찰할 수도 있다. 의식하지 못했던 몸에 대한 불신, 통제욕, 성과 중심적 사고 등의 뿌리 깊은 상처와 과제들을 발견할 수도 있다.

다양한 각도와 방향, 속도, 높이로 균형을 실험할수록, 몸 전체가 연결되어 협력하는 감각이 향상될 수 있다. 바위처럼 불규칙한 지형이나 모래사장처럼 변화하는 지형에서 잡는 균형은 유연한 적응력과 문제해결력을 발전시킬 기회가 된다. 움직이는 물체에 반응하거나, 타인이 제시하는 변수에 대응하며 더욱 복잡하고 입체적인 균형을 연습할 수도 있다. 역동적인 삶에 진정 필요한 균형은 무엇인지 질문하고 탐색하는 놀이를 마음껏 실험해 보길 바란다.

몸의 뿌리, 발과 맺는 관계

중력을 받으며 땅 위에서 살아가는 우리에게 발은 몸의 뿌리와도 같다. 크기는 매우 작지만, 몸 가장 밑에서 높은 압력과 무게를 지탱하며, 충격을 효과적으로 분산할 수 있게 설계되어 있다.

또한 발은 외부 환경과 가장 먼저 맞닿으며, 환경의 정보를 섬세하게 감각하고 안전과 빠른 대처를 돕는다. 균형을 포함한 모든 움직임의 기반이 되는 발은 몸의 안정과 역동을 동시에 담당하는 특별한 뿌리다.

우리는 네발 동물에서 진화했기 때문에, 손과 발은 유사한 구조로 되어 있다. 수많은 물체를 다채롭고 정교하게 다룰 수 있는 손만큼이나 발도 매우 입체적이다. 한 발은 26개 뼈, 33개 관절로 구성되어 있다. 뼈와 뼈를 연결하며 관절을 안정화하는 인대, 뼈와 근육을 쫀쫀하게 연결하는 힘줄, 수많은 작은 근육

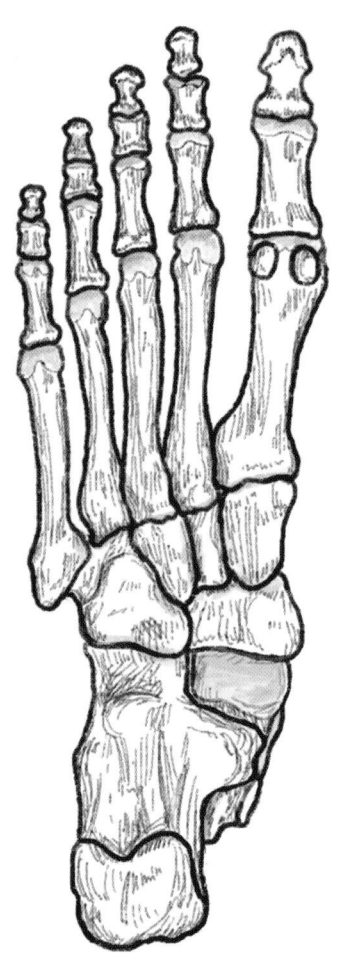
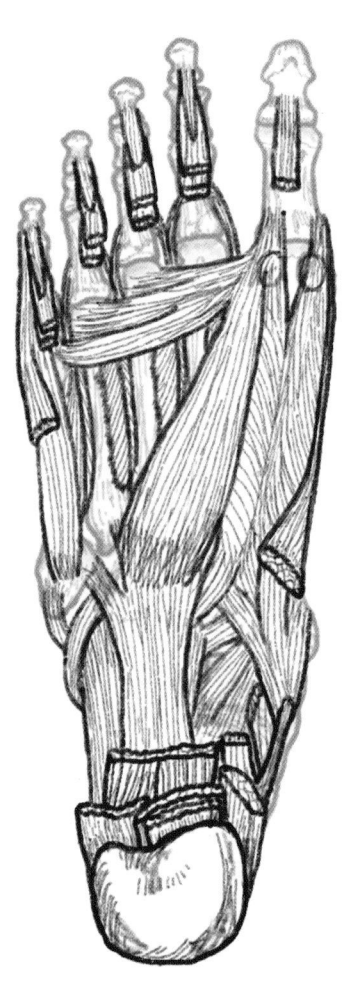

들을 합치면 수백 개가 되며, 혈관과 신경계까지 조밀하게 감싸는 근막을 포함하면 수천 개의 결합 조직이 정교하게 짜여 있는 구조다. 튼튼하고도 유연하며 탄력적인 구조 덕분에, 전신을 안정적으로 지탱함과 동시에 다양한 각도, 방향, 속도로 움직일 수 있다.

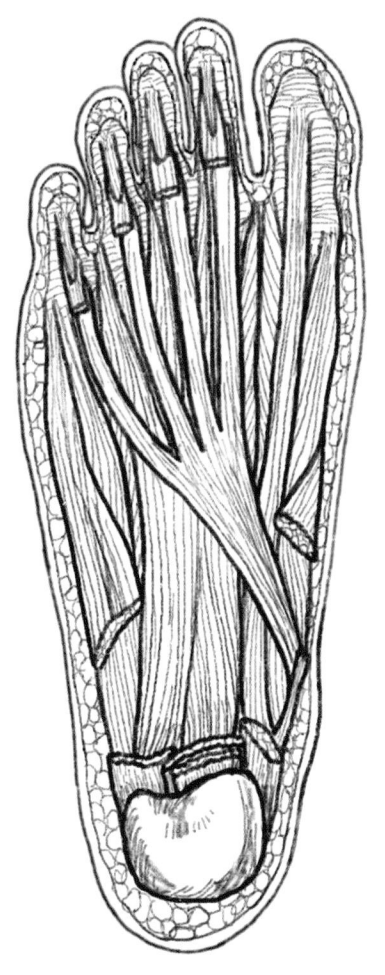
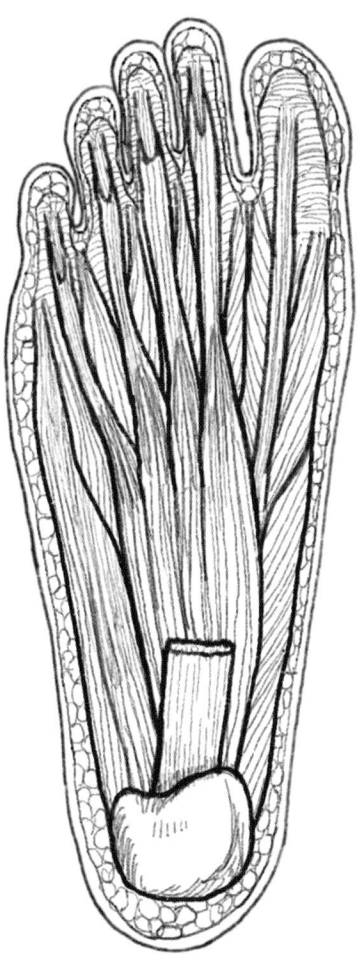

발의 힘이 필요할 때

두텁고 푹신한 신발 속에 무력하게 꺼져 있는 시간이 쌓일수록, 발을 별 느낌이 없는 하나의 덩어리로 인식하게 된다. 그러나 발은 몸과 환경을 섬세하게 읽는 훌륭한 감각 체계를 갖고 있을 뿐만 아니라, 유연하고도 강력한 동력을 생산할 수 있는 곳이다. 발이 돌봄과 관심을 받지 못한 채 방치되어 있으면, 몸 전체가 둔하고 취약해지는 것은 물론, 다른 관절들의 과부하와 통증을 초래할 수 있다. 발의 힘을 제대로 깨우지 못한 채 많이 걷거나 뛰게 되면, 무릎, 척추, 나중에는 고관절까지 무리가 오는 것처럼 말이다.

진심으로 누군가를 아낀다면, 그리고 함께 지속 가능한 삶을 일구고 싶다면, 그 몸의 뿌리부터 돌봐주어야 한다. 금방 사라지지 않고 오래오래 삶을 가볍고도 든든하게 지탱해 줄 힘, 곧 발의 힘을 기를 수 있게 돕는 것이 필요하다.

발을 지지하는 마사지

몸의 뿌리인 발을 어루만지며, 스스로를 지지하고 위로해 줄 수 있는 발 마사지를 소개한다.

발 마사지는 작은 면적으로 몸 전체를 감당하느라 하루 종일 고생한 발을 시원하게 풀어준다. 하루를 열 때 얼굴을 씻듯이 발을 구석구석 만져주면, 발의 입체적인 구조가 섬세하게 깨어난다. 발을 깨우면 개와 고양이의 발걸음처럼 몸을 좀 더 가볍고 부드럽게 이끌 수 있게 된다.

발은 어둡고 통풍이 잘 안되는 신발에 오래 갇혀 있을 뿐, 더럽거나 부끄러운 존재가 아니다. 삶의 무게가 무거울수록 힘이 되어 주는 존재다. 애정을 가지고 발을 보살펴 줄 때 우리는 세상에 더 단단하게 뿌리내릴 수 있게 되고, 삶의 동력을 얻을 수 있으며, 내 몸과 더욱 다정한 관계를 만들 수 있다.

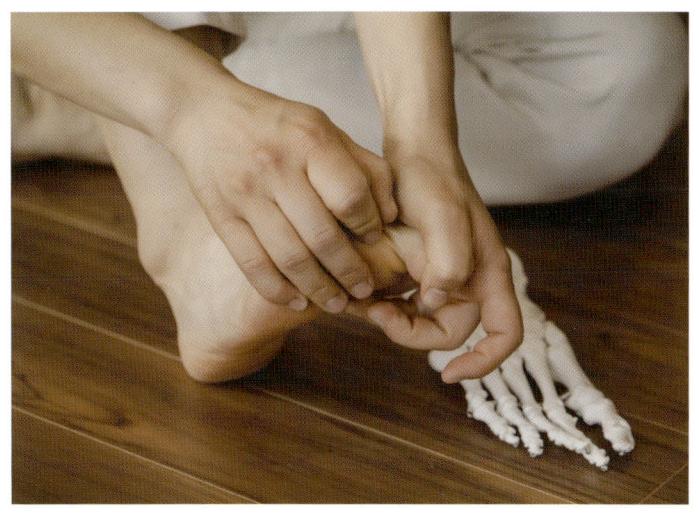

1. 편안한 곳에 발을 뻗고 앉아 한 발을 몸 가까이 가져온다.

2. 엄지와 검지 발가락을 손으로 잡아 위아래로 교차해서 '찢어 준다.'
   (발가락 사이사이 작지만 강력한 근육, 힘줄, 인대들을 늘리고 자극하는 알싸한 느낌을
   표현하는 말이지 실제로 찢어지진 않는다.)

3. 마찬가지로 검지와 중지, 중지와 약지, 약지와 새끼발가락 사이도 찢어 준다.
   다섯 발가락 사이사이의 세포 조직들이 시원하고도 얼얼하게
   깨어난 느낌이 들 것이다.

4. 발바닥과 반대쪽 손바닥을 마주 보게 한 뒤,
   발가락과 손가락들이 서로 포옹하듯 끝까지 깍지를 끼워 준다.

5. 손이 먼저 발을 서서히, 있는 힘껏 안아 준다.
   손가락들이 발가락들 사이로 더욱 깊이 파고들며
   발가락 사이의 공간을 확장해 준다.

6. 약간 불편한 아픔이 느껴질 수 있으나 몸을 파괴하는 고통은 아니다.
긴장하고 있는 부위가 있다면 깊은 호흡과 함께 놓아주며
낯설고 불편한 감각과 새로운 관계를 맺어볼 수 있다.

7. 깍지를 풀면 가볍게 혈액이 순환되는 느낌이 온다.
이번에는 발이 손을 꽉 안아 준다.
엄지부터 새끼발가락까지 모든 발가락이
손의 악력만큼 강하게 손가락을 쥔다.

8. 이번엔 손과 발이 동시에 서로를 꼬옥 쥔다.
손가락들이 더욱 깊이 파고들며 발가락 사이의 공간을 늘려 준다.
악력이 최고점을 찍으면 힘을 서서히 풀어 준다.

9. 깍지를 낀 채로 손가락부터 손목까지 함께 돌리며,
맞물린 발가락, 발등, 발목 관절들 33개를 구석구석 돌려 준다.

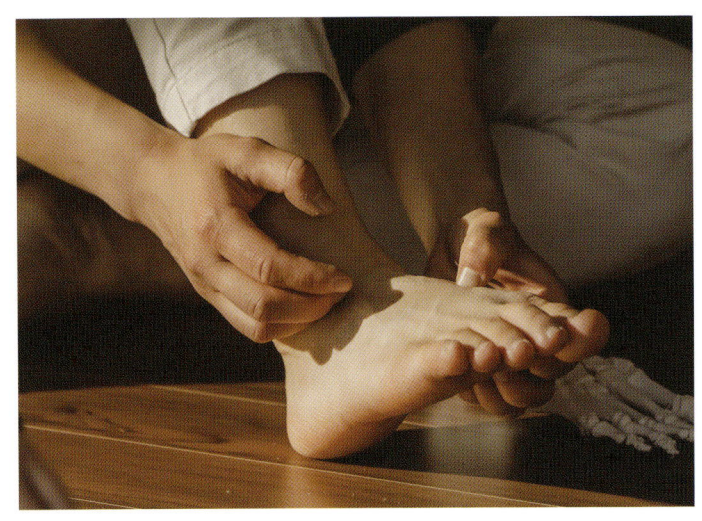

10. 깍지 낀 손을 빼서 발등뼈 사이사이를
    발등과 발바닥 방향에서 동시에 꼭꼭 눌러 준다.
    발등뼈 사이의 근육과 인대, 힘줄 조직들을 마사지해 주는 것이다.
    새끼발가락 쪽으로 갈수록 발등뼈 사이 공간은 좁아지기에,
    손가락을 세워서 깊고 섬세하게 눌러 줘야 한다.

11. 마지막으로 애정을 담아 발을 구석구석 진하게 쓸어 준다.
    그리고 발 곳곳을 손뼉 치듯 두들겨 깨워 준다.

12. 두 발로 땅을 딛고 부드럽게 걸어 본다.
    마사지한 발이 더욱 섬세하고 부드럽게
    지면을 딛는 느낌이 든다면 마사지는 성공이다.

걸음이 마사지가 될 때

 손으로 만지는 것만 마사지가 아니다. 발이 땅과 접촉하는 걷기와 뛰기 또한 훌륭한 마사지가 될 수 있다. 발을 어떻게 인식하고 사용하는지가 중요하다. 발이 지면에 쿵쿵 내던져지는 방식으로 걷고 뛴다면, 몸에 무리가 갈 수밖에 없다.

 반면 가볍고 탄력적으로 땅을 딛으며 땅으로부터 에너지를 돌려받는 걷기를 연습한다면, 땅과 맞닿는 접촉의 힘으로 나아가는 경험을 할 수 있다.

　발을 딛는 방식을 다양하게 실험할수록 몸을 입체적으로 마사지할 수 있다. 앞뿐만 아니라 뒤, 좌우, 대각선으로 딛고 회전하며, 나선형으로 짜인 몸을 골고루 반죽할 수 있다. 발걸음의 폭, 높이, 속도에 변주를 줄 수도 있다. 그러면 발뿐만 아니라, 발과 연결된 다리, 다리와 연결된 골반, 골반과 연결된 척추, 척추 위 머리까지 온몸을 구석구석 털 수 있게 된다. 발걸음을 내디딜 때마다 중력에 의해 마사지 받을 기회가 열리는 것이다.

불규칙하고 입체적인 지형을 딛는 것도 몸을 다채롭게 반죽할 수 있는 방법이다. 평평한 아스팔트와 달리, 다양한 돌과 흙, 나무뿌리로 이루어진 굴곡진 산길을 걸을 때면 걸음마다 몸이 다르게 놓이며 접히고 펴진다. 피트니스계가 몇 개의 틀로 가둬버린 스쿼트와 런지를 산에서는 수많은 각도와 깊이, 보폭으로 경험할 수 있다.

 산을 타면서 몸의 긴장을 풀고 한 걸음, 한 걸음 든든히 딛으며 땅을 더 많이 신뢰하는 관계를 쌓아보자. 산을 오르는 것은 정복하는 것이 아니다. 산을 온몸으로 만나는 일이다. 정상이 아니라, 몸이 쫄깃하게 반죽 되어 개운해지는 느낌을 향해 가보자. 그 느낌의 정점이 우리의 정상이다. 이후 가뿐히 내려갈 수 있는 길을 찾아 하산하자. 산을 통과한 몸이 무겁게 뭉치기보다는, 구석구석 마사지 받은 시원함, 때때로 기분 좋은 근육통을 느낄 수 있을 것이다. 인간보다 훨씬 긴 세월을 살아낸 산의 주름을 느끼며, 일상에서 가질 수 없는 긴 호흡으로 시간과 몸의 감각을 회복해 보길 바란다.

산과의 관계를 처음 시작하거나 다시 맺기를 시도하는 사람들에게는 아차산 같은 온화한 산을 추천한다. 부드럽게 울퉁불퉁한 표면과 완만한 경사가 있는 산, 계단 깔린 길만 있지 않고 사방으로 연결되는 샛길이 많은 산을 타며 몸을 다양하게 반죽하는 즐거움을 느껴보길 바란다.

온화한 산에서는 발을 무겁고 둔하게 감싸는 등산화가 아닌, 지형을 잘 느낄 수 있으면서도 접지력이 좋은 운동화를 추천한다. 이런 신발을 양말 신듯이 쫀쫀하게 여미고 산행한다면, 불규칙한 지형을 영민하게 읽고 딛는 발의 감각을 한층 더 깨울 수 있다.

가벼운 산행에는 '비보베어풋 Vivobarefoot' 트레일러닝화를 추천한다. 지속가능성을 주 경영 원칙으로 삼는 비보베어풋은 영국 신발 장인들과 협업하여, 닳거나 망가진 신발들을 새것처럼 수리해서 판매하는 '리-비보 ReVivo' 플랫폼을 운영한다.

팔다리를 해방하는 움직임

고관절은 다리와 골반이 만나는 곳이다. 골프공처럼 둥근 넓적다리 뼈(대퇴골)의 끝부분이 골반의 그릇처럼 둥글게 파인 구멍에 들어가 움직인다. 어깨 관절은 어깨뼈(견갑골)와 팔이 만나는 곳이다. 손바닥 정도 크기의 얇은 삼각꼴 판자 같은 어깨뼈는 가장자리가 오목하게 패여 있는데, 그곳에 위팔뼈의 둥근 머리가 맞닿아 움직인다.

팔다리를 연결하는 어깨 관절과 고관절은 가장 가동성이 높으면서도, 사회에서 구속을 많이 받는 관절이다. 몸을 통제하고 규율을 강제할 때, 가장 눈에 띄는 팔다리의 움직임부터 통제하기 때문이다. 어릴 때부터 다리를 오므리도록 교육받는 여성은 물론, 군대 문화에서 위계와 트라우마를 경험하는 남성 또한 온몸이 딱딱하게 굳는다.

여러 각도로 움직일 수 있는 어깨와 고관절에 통증과 제약이 생기는 건, 나이가 들어 자연스레 찾아오는 현상이 아니다. 생물학적 나이보다는 사회에서 경직된 채로 버틴 세월과 관련이 깊다. 유연하고 탄력적으로 움직이며 진화한 구조가 경직되어 있으면, 장시간 압력이 쌓인 곳에 이상이 생길 수밖에 없다. 억눌린 어깨와 고관절의 해방이 필요하다.

어깨에 움직임의 자유를

두발 동물로 진화하면서 인류의 어깨 관절은 큰 변화를 겪었다. 걸을 때 상체의 안정성과 전신의 균형을 잡아주기 위해, 팔과 어깨의 가동성을 한층 더 높인 것이다. 아무리 유연한 고양이도 인간처럼 360°로 팔을 돌리진 못한다.

어깨뼈와 관절을 덮는 근육, 힘줄, 인대는 어깨를 넓은 범위로 움직일 수 있게 함과 동시에 안정적으로 잡아주는 역할을 한다. 덕분에 팔을 뻗어 물체를 집는 것부터 던지기, 매달려 올라가기까지 움직임의 범위도 넓어졌다.

 다양하게 움직이도록 디자인된 어깨는 이제 많은 시간 고정되어 있다. 어깨와 팔의 긴장이 기본값이 되어 힘이 들어가지 않는 상태가 어떤 느낌인지 잊어버릴 정도다. 온종일 앉아 있는 일과에 온종일 스마트폰을 잡고 있는 상황까지 더해지며, 많은 이들이 나이를 불문하고 어깨 통증을 달고 산다. 어깨 가동성도 줄어 팔을 들어 올리는 것이 고통스러워지기까지 한다.

연구에 따르면, 머리가 60° 기울어진 상태에서 경추(목)에 가해지는 하중은 약 30kg에 이른다. 목과 어깨를 둘러싼 근육에 과부하가 올 수밖에 없다.

딱딱하게 굳은 어깨를 풀어주기 위해서는, 불필요하게 몸 안에 쥐고 있던 힘을 몸 바깥으로 떨쳐내는 게 중요하다. 쭈글쭈글한 빨래를 탈탈 털어 펼치듯, 몸에 덕지덕지 붙은 먼지를 털어 내듯, 몸의 경직을 떨쳐 내야 한다. 걷고 뛰는 가장 기본적인 움직임을 할 때도, 무의식적으로 잡고 있는 어깨와 팔을 떨구고 부드럽게, 탄력적으로 흔들어 보자. 친구의 손을 잡고 룰루랄라 뛰어가던 어린 시절의 움직임처럼 말이다. 팽팽하게 당겨진 그네처럼, 팔이 무겁고도 쫀쫀하게 앞뒤 양옆으로 흔들린다면, 어깨의 가동성도 점점 회복될 것이다.

라켓, 배트, 검 같은 물체를 휘두르는 상상과 함께 앞, 뒤, 위, 아래, 대각선으로 힘차게 스윙할 수 있다. 땅을 딛은 발가락부터 뻗은 손가락 끝까지 연결된 몸을 느끼면 더욱 강력하게 털고 확장할 수 있다.

억눌린 고관절과 하체 털기

상체의 하중을 감당하는 하체는 더욱 깊은 압력을 받는다. 특히 가장 어둡고 깊은 곳에 있는 고관절은 압력을 잘 버텨주는 만큼 오랜 시간 무관심 속에서 방치되기 쉽다. 방치된 세월이 쌓여 망가지고 거동이 불편해지고 나서야 고관절의 존재를 깨닫게 되는 경우도 많다.

고관절로 연결된 골반과 다리는 골격도, 근육도 더 크고 두꺼워서 빠르고 강력하게 털어내야 한다. 다리를 던지듯이 털어내는 '발차기'는 일상에서 할 수 있는 신나고 효과적인 재활이 될 수 있다. 외부 대상을 타격하는 관점이 아닌, 몸을 시원하게 터는 관점으로 발차기와 새로운 관계를 맺어 보자.

'하체' 하면 다리만 떠올리기 쉬운데, 다리와 연결된 골반까지 함께 인식해야 한다. 다리뿐만 아니라 골반까지 들어 뻗으면, 발차기의 가동성은 자연스럽게 커진다. 하체 뒷면부터, 골반과 연결된 허리까지 시원하게 털리는 걸 느낄 수 있을 것이다.

 오랜 시간 묶여있던 고관절을 자유롭게 하는 것은 쉽지 않을 수 있다. 그러나 조바심을 내려놓고 꾸준히 관심을 기울이며 털어주면, 하체가 점점 가볍고 부드러워지는 변화를 맛볼 수 있을 것이다. 수년간 하체 털기를 연습하며 다리와 골반뿐만 아니라, 골반과 연결된 척추까지도 자유로워지는 것을 몸소 체험했기에, 더욱 따뜻하게 격려하고 싶다. 발을 앞, 옆, 뒤로 골고루 차면서 하체의 압력을 털어내 보자.

발차기에 회전력을 더하면 두꺼운 다리 근육들을 더 잘 털 수 있다. 옆과 뒤쪽으로 찰 때, 발의 뒤꿈치가 반대 다리의 오금을 바라봤다가 몸 바깥쪽으로 날아가듯 차 보자. 다리 안쪽에서 바깥쪽으로 원을 그리며 찰 수도 있다.

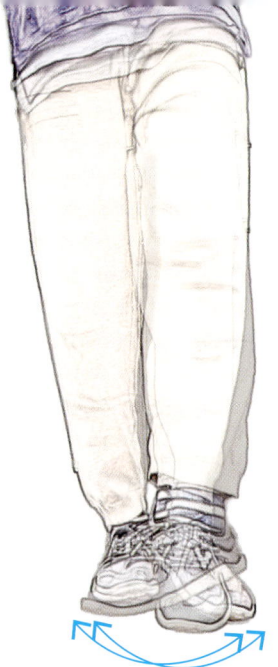

한 발을 살짝 들어 고관절에서부터 발뒤꿈치까지 함께 안팎으로 회전하며 털어 준다. 어렵게 느껴진다면 물속에 발을 담그고 털어 보자. 물의 저항을 느끼면서 하체가 부드럽게 연결되는 감각을 익힐 수 있다.

몸에 쌓이는 감정의 해부학

골반을 흔들며 격렬하게 춤출 때면 숨어있던 강렬한 감정들이 솟아난다. 전신을 뻗고 털면서 가슴과 골반이 함께 흔들리는 경험이 쌓일수록, 억눌린 감정이 해소되길 바라는 욕구를 더 잘 느낄 수 있게 된다. 감정의 순환을 돕는 춤은 단순히 기분이 좋을 때뿐만 아니라, 슬픔과 괴로움에 짓눌렸을 때도 찾게 된다.

앞서 신체 역학 측면에서 머리와 함께 3대 무게 중심부로 소개한 가슴과 골반은, 감정해부학 관점에서 감정이 많이, 깊이 쌓이는 곳이기도 하다. 예컨대 힘든 감정이 가슴을 짓누르거나 아리게 하는 것을 직접 느낄 수도 있지만, 느끼지 못하더라도 슬픔과 서러움은 켜켜이 쌓여 가슴을 아래로, 뒤로 꺼지게 한다. 단순히 어깨를 자주 편다고 고칠 수 있는 문제가 아닌 것이다. 꺼진 가슴이 제대로 설 수 있게, 열릴 수 있게 지지를 주는 움직임과 더불어, 억눌린 감정을 해소할 수 있는 배출구를 마련해야 한다.

털기는 몸의 경직뿐만 아니라 몸에 쌓인 감정들을 함께 다루는 입체적인 활동이다. 수시로 터는 개와 고양이처럼 일상에서 틈틈이 몸을 털어주는 연습은, 감정의 무게와 삶의 압박에 짓눌린 몸을 돌보는 길이다.

한숨을 반기는 문화

몸의 상태가 가장 잘 드러나는 움직임은 바로 호흡이다. 스트레스가 심할 때는 나도 모르게 숨죽이거나 얕은 숨을 쉬게 된다. 그러다 긴장을 놓을 수 있는 찰나가 허락되면 한숨이 귀신같이 알고 비집고 나온다.

"땅 꺼지겠다, 무슨 한숨을 그렇게 쉬니." 우리는 한숨을 질타하는 문화 속에서 살아간다. 몸이 필요할 때 숨을 몰아쉬거나 내뱉는 활동인 '한숨'을 억누르게 되는 이유다. 한숨이 허용되는 때는, 깊이 들이마신 담배 연기를 입으로 뿜어낼 때가 거의 유일하다. 한숨에 문화적으로 부여한 해석을 벗겨내고, 생물학적으로 자연스러운 자가 조율 기제로서 한숨을 허락하고 격려하는 문화가 필요하다.

스트레스를 실시간으로 조율하는 가장 강력한 방법으로 '생리학적 한숨$^{physiological\ sigh}$'이 언급되곤 한다. 생리학적 한숨은 깊은 들숨 뒤에 오는 긴 한숨을 가리키는데, 일상에서 우리가 수시로 - 심지어 자는 중에도 - 취하는 호흡 방법 중 하나다.

과학자나 건강 전문가들은 생리학적 한숨을 단계를 나눠 가르치기도 한다. 이런 매뉴얼은 의도적으로 숨을 내쉬는 것이 필요한 경우에는 유용한 정보일 수 있다. 그러나 한숨을 개인이 훈련하는 호흡법으로 포장하기보다, 이미 몸이 알고 있는 한숨을 자연스럽게 회복할 수 있도록 영감을 주는 이야기를 나누고 싶다.

생리학적 한숨은 우리가 힘든 상황을 겪을 때 자연스레 나타나는 호흡이다. 예를 들어 심적 고통을 더 이상 억누를 수 없어 엉엉 울 때, 울음을 그치는 단계에서 '끅끅' 소리와 함께 여러 번 숨을 들이마시고 '흐아-' 깊은 한숨을 내쉬며 진정할 때가 있다. 숨이 얹히고 얹혀서 '흐아암' 하고 나오는 깊은 하품도 생리학적 한숨에 해당한다.

호흡을 훈련하며 통제하기보다는, 몸이 어떤 맥락에 따라 어떻게 호흡하는지 진실된 호기심을 가지고 관찰해 보기를 바란다. 몸에게는 새로운 호흡법보다, 자연스러운 호흡을 허락하는 존중이 더 필요하다.

접촉의 대화, 마사지

 몸을 알아가고 돌보는 평생의 지난한 과정을 혼자서 다 감당할 수도, 해야 할 필요도 없다. 스스로 움직이는 것의 힘은 엄청나지만, 혼자서는 손가락 까딱하기 힘든 날도 반드시 찾아온다. 나약하거나 게을러서가 아니라 이미 많이 소진된 상태일 수 있다. 충분한 에너지가 있었다면 어렵지 않게 일어나 활동했을 것이다.

 삶의 어려움은 지금의 내가 감당할 수 있는 정도를 고려해서 오지 않는다. 때로는 버티기 힘든 상황에서도 자비 없이 퍼붓고 휘몰아친다. 당장은 돌파구나 해결 방안이 없는 것처럼 느껴질지라도, 어떻게든 겪어낸 뒤 그 경험을 통해 배우고 성장해야 할 수밖에 없다.

 홀로서기가 유독 버거운 날, 타인의 접촉으로 경험할 수 있는 '부활'의 움직임을 소개한다. 누군가 내 몸을 사려 깊게 어루만지거나 두들기며 근육, 혈관, 신경계 등 세포 조직을 움직여 주는 경험, 바로 마사지다. 몸이 너무 무겁게 가라앉고 여기저기 뭉쳐 있을 때, 마사지를 통해 있는 줄도 몰랐던 에너지가 피어오르는 마법 같은 경험을 할 수 있다.

'안마'나 '마사지'라 불리는 돌봄, 치유의 접촉을 일상에서 찾아보기 어려워지고 있다. 관계적 돌봄 활동이 아닌, 돈을 주고 소비하는 상품으로 접할 때가 더 많다. 그러나 몸은 기억하고 있다. 어릴 적 부모님이 도저히 일어나지 못하는 나를 여기저기 주물러 깨워줬던 날들, 동고동락했던 친구들과 애정 반, 장난기 반 섞인 두들김을 주고받았던 시간을.

 마사지는 말이 아닌 접촉으로 나누는 안부, 돌봄, 위로의 대화다. 그 대화가 소중한 관계에서 언제든지 나눌 수 있는 경험으로 다시 자리잡힐 수 있으면 좋겠다. 곁의 소중한 존재와 쉽게 나눌 수 있도록, 마사지를 주무르기와 두들기기의 관점에서 소개해 보고자 한다.

뼈를 만져 주는 돌봄, 주무르기

 신체 부위를 주무르는 여러 기술이 있지만, 가장 기초적이고도 강력한 방법으로 '뼈를 만지는' 접근을 소개한다.

 먼저 마사지를 시작하고자 하는 곳을 눌러 뼈를 찾는다. 그 뼈 위를 개미가 줄을 지어 기어가듯, 뼈끝에서 끝까지 세심하게, 구석구석 누른다. 뼈 사이의 공간들도 꾹꾹 누르면 뼈를 둘러싼 근육, 인대, 힘줄까지 함께 입체적으로 마사지할 수 있다.

 뼈를 누르며 따라가다 보면 접촉으로 몸의 지도를 그릴 수 있게 된다. 만져진 뼈가 선명하게 깨어나는 느낌을 통해 신체 구조를 배울 기회가 되기도 한다.

 마사지는 주는 대로 받고 참는 것이 아니다. 평소 인식하지 못하거나 예기치 못한 곳에 통증이 느껴질 수도 있으므로, 몸의 느낌을 실시간으로 공유하며 강도를 조절해야 한다. 강도가 너무 세서 몸이 더 긴장하게

되면 마사지의 효과가 상쇄되거나 역효과를 낼 수도 있다. 필요한 만큼 서슴없이 나누는 비언어적, 언어적 소통이 최선의 마사지 경험을 만든다.

 오랜 경직으로 딱딱하고 질기게 느껴지는 부위일수록 손아귀 힘으로 조급하게 으깨기보다, 시간을 더 들여서 부드럽게 마사지해야 한다. 몸을 빨리 고치려는 욕심은 내려놓고 필요한 시간과 정성을 들이면 아무리 딱딱하게 굳어있는 몸도 말랑말랑하게 풀어질 수 있다.

진동을 나누는 돌봄, 두들기기

 주무르기로 접근할 수 없는 부위들도 있다. 허벅지처럼 근육층이 매우 두껍거나, 심하게 뭉쳐 있어서 조금만 만져도 아픈 부위, 혹은 간지럼을 타는 부위 등이 그렇다. 이런 부위들은 두드려서 적절한 진동을 주는 것으로 접근할 수 있다.

 두들길 때는 엄지손가락이 안으로 들어간 가벼운 주먹으로 접근한다. 손이나 팔에 힘을 주고 내리치기보다, 힘을 빼고 주먹이 떨어지는 무게로 두들기는 것을 추천한다. 팔의 무게가 떨어지는 힘만으로 충분하거니와, 불필요하게 힘이 들어가면 마사지하는 사람이 금세 지치거나 몸에 무리가 올 수 있기 때문이다.

 강도를 조절할 때는 주먹을 떨구는 높이와 속도만 조절하면 된다. 주먹이 높은 곳에서 떨어지면 가속도가 더 붙어 두들기는 힘도 세진다. 두들기는 속도를 높여도 움직임에 탄력이 붙어 더 강력하고 시원하게 두들겨 줄 수 있다. 두들길 때도 활발한 소통 속에서 실시간으로 몸에 맞는 최선의 강도를 찾아가길 바란다.

 두들기기의 묘미는 마사지하는 사람이 일방적으로 주기만 하는 돌봄이 아니라, 두들기는 과정에서 힘을 돌려받을 수 있는 쌍방향 돌봄이라는 점이다. 힘을 내려놓고 타인을 두들기는 진동은 내 몸에도 전해진다. 탄력적으로 두들기는 손을 통해 나의 팔과 어깨, 척추도 함께 털리고 반죽될 수 있다.

몸과 몸의 움직임 대화

 더욱 역동적인 형태의 상호 마사지도 존재한다. 몸과 몸이 맞닿아 함께 움직이며, 서로의 몸을 반죽하고 확장하는 '바디-바디' 활동이다.

 바디-바디는 컨택 즉흥을 비롯한 무용부터 레슬링, 유도, 주짓수 등의 컨택 스포츠까지, 몸과 몸이 맞닿는 다양한 장르의 움직임을 탐구한다. 특정 종목의 규칙과 맥락에 얽매이지 않고 몸과 몸이 연결되어 함께 움직일 수 있는 놀이의 근본 원리를 찾는다. 다양한 나이, 젠더, 신체 조건의 몸들이 만나 접촉을 통한 인간의 근원적 소통에 대해 배울 수 있도록, 새로운 놀이의 방식과 규칙을 창조해 낸다.

예컨대, 레슬링의 본질은 '포옹'임을 읽어내고, 테크닉을 벗어나 수많은 방식의 포옹을 탐구하는 활동으로 재구성하는 것이다. 손과 손, 팔과 어깨, 골반과 머리, 가슴과 다리 등 다양한 접촉을 통해 자신과 타인의 몸을 감각하고, 움직임과 힘을 주고받는다. 이를 통해 레슬링은 스포츠를 넘어 건강한 관절 역학, 에너지 관리, 비언어적 소통에 대해 배우는 매체가 된다.

바디-바디를 통해 혼자서는 경험할 수 없었던 새로운 방식으로 움직임을 실험하게 된다. 타인이 제시하는 압력, 규칙, 변수들 속에서 상상하지 못했던 방식으로 몸을 펼치고, 접고, 회전하며 움직임의 범위와 형태를 확장할 수 있게 된다.

바디-바디의 진정한 가치는 다양한 몸과 좋은 시너지를 낼 수 있는 역동과 전략을 탐색하는 데 있다. 다른 몸과 나누는 예측할 수 없는 소통 속에서도 경직되지 않고 즐겁게 풀어가는 연습을 하는 것이다. 그 과정에서 길러지는 유연함과 창의성은 끊임없이 새로운 문제를 제시하는 삶에 즐겁게 대응할 힘이 된다.

받으며 배우는 몸의 사랑

 접촉은 관계와 경험의 기반을 구축하는 가장 강력한 수단이다. 그러나 접촉을 특정 해석과 방식에 가두고 경계하고, 억압하는 문화 속에서, 접촉을 받고 나눌 기회는 점점 적어진다. 접촉이 부족할수록 삶의 압력에 눌리고 굳어진 몸을 회복하기 어려워진다.

 접촉을 인간 경험의 근원적이고 보편적인 방식으로 돌려놓을 수 있길 바란다. 일상에서 접촉을 더 풍성하게 나눌 수 있다면, 두려움과 경직은 줄고 돌봄과 배움, 성장의 기회는 더 많아지지 않을까.

인간의 생존을 위해서는 하루 4번의 포옹이 필요하다.
삶의 지속을 위해서는 8번, 성장을 위해서는 12번의 포옹이 필요하다.

- 버지니아 사티어 Virginia Satir, "Mother of Family Therapy"

어릴 때뿐만 아니라 성인이 되어서도 수많은 양육적 접촉을 받아왔기 때문에 지금의 내가 있다. 삶의 에너지를 타인으로부터 오롯이, 기쁘게 받는 경험이 우리에겐 턱없이 부족하며, 훨씬 더 많아져야 한다.

자기 돌봄의 근간인 자기애는 나로부터 출발하지 않는다. 타인의 사랑으로부터 출발한다. 그 사랑이 쌓이고 발효되어 나를 움직이는 동력이 된다. 자기 돌봄을 혼자서 잘 해내야 한다는 부담은 접어두고, 나를 양육할 수 있는 관계와 사회자원을 찾아 충분히 돌봄 받고 감동하는 경험을 누렸으면 한다. 받은 만큼 나 자신을 아낄 수 있게 되고, 나아가 다른 누군가와 나누고 싶은 욕구가 피어날 것이다.

자기애에서 우리가 사랑하는 것은 … 사랑받고 있는 상태 또는 사랑받으리라는 희망이다. 사랑받을 만한 대상이라는 것, 그렇게 인정되고 있다는 것, 그리고 그러한 인정의 증거를 확인하려는 것이다.

요컨대, 자기애를 가지려면 사랑받아야 한다. 사랑을 거부하는 것 - 사랑받을 만한 대상이라는 지위를 부정하는 것 - 은 자기혐오를 낳는다. 자기애는 타인들이 우리에게 주는 사랑으로 만들어진다 … 타인들이 먼저 우리를 사랑해야 하고, 그래야 비로소 우리도 자신을 사랑하기 시작할 수 있다.

- 지그문트 바우만 Zygmunt Bauman, 『Liquid Love』

에필로그
변화를 만드는 믿음의 도전

이 책의 목표는 몸에 대한 믿음을 회복하는 것이다. 스스로에 대한 믿음과 삶의 희망이 희미해져 갈 때, 있는 그대로의 몸에서 가능성을 발견하고 새로운 서사를 쓸 수 있게 도와준 사람, 경험, 이야기들이 있다.

덕분에 갈등을 줄이고 생산성을 높이려면 개인의 성격과 능력을 문제 삼기 전에, 수면을 우선시할 수 있도록 일의 방식이 변화해야 함을 깨달을 수 있었다. 몸과 마음이 고통스러울 때 약에만 의존하는 게 아니라 햇살, 수면, 음식, 움직임, 접촉까지 찾을 수 있게 되었다. 소비의 굴레에서 벗어나, 삶의 풍성한 자원들을 발견하는 힘을 기르고, 기쁨과 감사함, 치유와 성장을 일구는 삶을 시작할 수 있었다. 삶의 모든 굴곡에서 돌봄과 성장을 지지하는 관계를 만들었으며, 몸과 삶에 지속 가능한 변화의 씨앗을 심는 일을 업으로 삼게 되었다.

믿음은 가치관과 행동을 구성할 뿐만 아니라, 몸을 근본적으로 바꾸는 생물학적 힘이다. 인식과 기대가 단순히 생각에 머무르지 않고, 소화, 면역 등 생체 활

동 전반에 영향을 줄 수 있다는 '믿음 효과$^{belief\ effect}$'
는 현대 신경과학이 밝혀낸 놀라운 현상 중 하나다.
즉, 몸에서 벌어지는 현상은 생리학만으로 설명될 수
없으며, 사회 환경과 정신의 작용이 함께 만들어 낸 산
물이라는 것이다.

 기존 경험을 새롭게 조명하는 지식, 인식의 전환만으
로 몸의 변화를 만들 수 있다. 스탠퍼드 대학교 Mind
& Body Lab은 이에 대해 기발한 연구들을 진행하였
는데, 그중 호텔 청소 노동자들을 다룬 연구에서 그들
의 노동 행위가 어떻게 건강에 좋은 운동 동작들과 다
르지 않은지 안내하는 교육을 제공하였다. 한 달 뒤 노
동자들의 건강을 조사한 결과, 노동자들이 자신의 일
상 활동을 운동으로 새롭게 인식하면서 혈압, 몸무게,
체지방률 등의 건강 지표가 향상되었다고 한다. 지식을
통해 자신의 노동을 바라보는 관점이 변하자, 일하는
몸의 생리와 건강 또한 변화한 것이다.

앎이 힘이라면, 우리가 무엇을 알지 못하는지 아는 것은 지혜다. 지식에는 우리가 모르는 것에 대해 마음을 닫게 되는 저주가 따른다.

- 아담 그랜트 Adam Grant, 『Think Again』

한편 기존 지식이 세운 벽을 미지의 가능성에 대한 믿음으로 뛰어넘어, 새로운 역사를 쓴 몸의 이야기도 있다. 2차 세계대전까지만 해도 척추를 다친 이들은 생존할 가능성도, 유의미한 삶을 살 가능성도 희박하다며 열린 관짝에 실려 오곤 했었다. 그러나 신경외과 의사였던 루드비히 구트만 Ludwig Guttmann 박사에게는 움직임이 삶을 바꿀 것이라는 믿음이 있었다. 그는 간호사들과 힘을 합쳐 밤낮으로 병동 환자들을 2시간마다 돌려 눕히기를 시도했다. 그 결과 장시간 압박에 따라 혈관이 막히고 조직이 파괴되는 욕창을 줄이고 생존율을 높일 수 있었다.

나아가 구트만은 활쏘기, 창 던지기, 역도, 농구, 탁구 등 다양한 스포츠 활동을 재활에 적극 도입하고, 경기를 조직하여 환자들의 교류와 활동적인 삶을 촉진했다. 환자들은 삶의 활력과 의욕을 되찾았고 건강은 눈에 띄게 호전되었다. 곧 죽을 시체 취급당했던 몸들이 발과 다리로 활을 잡고, 입으로 탁구채를 잡고, 눈을 가린 채 축구공을 몰고, 휠체어들끼리 부딪히며 농구를 하는 등 기적과 같은 열의와 기량, 가능성을 발휘하며 뜨거운 인류애를 나누는 현장을 만들기 시작했다. 상상을 초월하는 몸의 가능성으로 스포츠를 재정의하는 움직임, 패럴림픽의 시작이다.

 모든 몸은 믿음을 받을 가치가 있다. 지금은 알 수 없는, 상상할 수 없는 가능성으로 가득 차 있다. 가능성에 대한 호기심을 갖고, 질문을 던지며, 관계의 힘으로 실험을 지속하는 경험이 더 많이 필요하다.

 '노동이 춤이 될 수 있을까'라는 질문은 지난 수년간 쌓은 지식과 호기심, 실험들이 발효되어 탄생할 수 있었다. 이제 당신의 일과 삶의 맥락에서 그 질문과 실험들을 맛보고 즐길 수 있으면 좋겠다. 노동이 춤이 될 수 있음을 확인한 변화의월담은 '춤추는 노동을 어떻게 다양한 몸들과 수만 가지 형태로 나눌 수 있을까'라는 질문으로 나아간다.

한 사람이 하면 유별난 행동도 두 사람이 같이 하면 반짝거리는 문화가 될 수 있다. 지금의 '변화의월담', '바디 커뮤니케이션 교육', '느끼는 몸의 연대'가 있는 것도 세상 그 무엇과도 바꿀 수 없는 사람과 사랑이 있었기 때문이다. 서로의 몸을 지지하는 관계 속에서 발견하는 삶의 가능성과 아름다움은 진실로 끝이 없다. 몸을 향한 믿음과 사랑을 나눌 수 있는 관계를 찾고, 가꾸고, 지키는 데 이 책이 좋은 영감이 될 수 있기를 바란다.

마지막으로, 눈물과 웃음으로 매일 세상과 씨름하는 당신의 '춤추는 삶'을 열렬히, 그리고 끈질기게 응원한다.

감사의 글

　과학에서 진실을 찾는 치밀함과 엄밀함을, 예술에서 진실된 소통을 만드는 창의력을 배웠다. 과학과 예술을 넘나들며 지속 가능한 일과 삶을 짓는 영감을 나누고 싶었다.

　지식이 판단의 잣대가 아니라 오롯이 영감으로 쓰일 수 있기를 바랐다. 용기와 격려만 나누어도 부족한 삶이니까.

　막상 글을 쓰니, 그 마음과 평생 습득한 언어 사이에 예상보다 훨씬 큰 간극과 갈등이 있음을 마주했다. 무의식적으로 권위와 인정을 좇는 글은 딱딱하고 꽉 막힌 느낌이 들었고 울림이 없었다. 괴로웠다. 몇 개월간 쌓고 다듬어 온 글을 스스로 읽을 수가 없어, 모두 버리고 새로 쓸 수밖에 없었다. 책을 약속한 이들에게 책을 드릴 수가 없어, 또다시 괴로웠다.

　그럼에도 책을 위해 베어진 나무와 예측할 수 없는 창작 과정을 묵묵히 지탱해 준 이들에게 부끄러운 책을 짓고 싶지 않았다. 버려질 책이 아닌, 한동안은 곁을 따뜻하게 지켜줄 책을 만들고 싶었다. 모두의 사랑과 지지를 오랫동안 기리는 책을 짓고 싶었다.

 이 책을 시작한 마음이 희미해지는 게 가장 큰 위기였다. 위기는 수시로 찾아왔다. 책에 미리 부여한 기대가, 실망에 대한 두려움이 글을 짓눌렀다. 글을 탄생하게 한 감동, 글로 나누고 싶은 설렘, 글에 꾹꾹 담은 애정이 기대에 짓눌려 납작하게 느껴졌다.

 책은 짓는 이의 몸과 삶을 그대로 반영한다는 것을 사무치게 배우는 과정이었다. 스스로 내가 나누려는 선의를 평가하고 재촉하고 있었다. 나 자신의 무례함에 내면이 글의 문을 굳게 걸어 잠그고 있었던 것이다.

 아테네에서 서울까지 와 준 스승과 일주일간 함께하면서, 누군가를 조심스레 살피며 사려 깊게 돌보고 배려하는 감각이 어떤 건지 새삼 다시 깨닫게 되었다. 그가 떠난 뒤, 돌아온 일상과 변화한 감각 속에서 나 자신을 존중하지 못했던 세월을 깨닫게 되었다. 책은 그 깨달음에서 다시 쓰여졌다.

수십 년간 책 한 권 내지 않지만 매일 아침 글과 씨름하는 스승을 보며, 글은 자기 자신을 위해 써야 한다는 스승의 말을 떠올리며, 모든 글을 더듬더듬, 다시 썼다.

햇살을 받고, 신비롭게 정신을 한 줄기로 모아주는 음악을 듣고, 정성스레 만든 음식을 먹고, 중력을 잊고 앉아 있는 동안 경직된 몸을 수시로 털어주고, 의자에 몸을 묶어두지 않고 거침없이 생각 속을 산책하며 썼다. 가끔 잠에 반항하며 밤을 지새웠던 날들 뒤에는, 몸과 정신을 치유하는 수면의 역할을 뼈아프게 절감하고, 잠의 리듬을 치열하게 회복하며 썼다. 이 책은 나를 위한 것이었다고, 비로소 말할 수 있다.

무엇보다 나를 위할 수 있었던 것은, 그 모든 시행착오를 가장 가깝게 바라보면서도 누구보다 너그러이 이해하고 뜨겁게 보듬어줬던 동료들이 있기에 가능했다. 아직 언어화되지 않은 몸의 경험을 글로 담는 일은 생각보다 훨씬 고통스러웠다. 글을 써 내려간 시간보다 글을 쓰지 못하는 고통과 악몽에 시달리는 시간이 배로 많았다. 몸이 품고 있는 고유한 언어를 찾기 위해 씨름했던 시간은 온전히 함께했기에 겪어낼 수 있었다. 글을 완성하기까지 수많은 버전의 원고들을 눈물로 함께 쓰고, 고치고, 지우고, 또다시 고쳐 써 준 윤일과 소영에게, 결코 말로는 표현할 수 없는 고마움을 전한다.

 이 책에서 글만큼 중요한 요소는 이미지다. 말로 가득 찬 소통의 한계를 여실히 느끼고 있었고, 잘 읽히는 책, 음미할 수 있는 책을 만들고 싶었기에, 글만큼 그림과 사진에 심혈을 기울였다. 점 하나, 선 하나, 0.1mm 단위의 여백까지 많은 고민과 수정의 시간을 거쳤다. 백 마디, 천 마디 말로도 나누기 어려운 것들을 아름답고 재치 있는 그림, 사진들 덕분에 전할 수 있게 되었다. 평생 처음 만져보는 기기와 소프트웨어들을 이리저리 실험해 보며 이 책의 모든 그림과 디자인을 구현해 낸 수민이 너무 존경스럽고 자랑스럽다. 수년간 변화의월담의 바디 커뮤니케이션 교육 현장을 따뜻하고 섬세하게 담아주신 박혜정 사진작가님께도 깊은 감사함을 전한다.

이 책은 타인의 사랑 속에서 자기애를 배워가는 과정을 나눈다. 수없는 실패가 담긴, 진실된 도전이자 너무도 소중한 배움이었다. 긴 시간 헤맨 끝에 그 과정의 일부를 비로소 책으로 전할 수 있게 되어 기쁘다.

네 명의 청년이 아무런 출판 지식이나 자원 없이 바닥부터 쌓아 올린 책이다. 이 책이 세상에 아직 나눠지지 않은 소중한 경험과 자산을 몸에 품고 사는 이들에게 큰 용기와 영감이 될 수 있으면 좋겠다.

미련하고 고집스러운 마음으로 비틀비틀 책을 만들어 나간 시간을 감내해 주어서 모두 진심으로 미안하고 고맙습니다.

지금의 리조(현정), 수민, 윤일, 소영, 그리고 송이를 있게 한, 진심으로 아끼고 보살펴 준 모든 가족, 동료들에게 이 책을 바칩니다. 누구보다 책을 함께 만든 수민, 윤일, 소영에게 이 책을 바칩니다. 서로가 없었으면 이 책은 애초에 불가능했을 거니까요. 변화의월담과 이 책을 태어나게 한 모든 감동과 기적은 서로에게 있다는 걸, 그리고 함께여서 너무 감사하고 다행스럽고, 큰 행운임을 말하고 싶습니다.

2024년 노동절에
리조 드림

놀이와 돌봄의 세계에 노동의 미래가 있다.

변화의월담

우리는 모두 몸으로 일한다
몸을 살리는 일터 혁명

발행일 2024년 5월 1일 초판 1쇄
지은이 변화의월담 (문현정, 김윤일, 조수민, 김소영)
편집 변화의월담
디자인 변화의월담
삽화 조수민
사진 <studio H> 박혜정, 변화의월담
펴낸곳 변화의월담

walldaam.com
contact@walldaam.com
출판등록 2024년 1월 15일 제399-2024-000006호

ⓒ 변화의월담, 2024

이 책에 수록된 글, 삽화, 사진은 저작물이므로 무단 전재와 무단 복제를 금합니다.
책의 내용을 재사용하려면 변화의월담과 저작권자의 동의를 받아야 합니다.